Same as Ever

一如既往

不变的人性与致富心态

A GUIDE TO
WHAT NEVER CHANGES

[美] 摩根·豪泽尔 著　宋红波 符李桃 译

中信出版集团 | 北京

图书在版编目（CIP）数据

一如既往：不变的人性与致富心态 /（美）摩根·豪泽尔著；宋红波，符李桃译. -- 北京：中信出版社，2024.4（2024.8重印）

书名原文：Same as Ever: A Guide to What Never Changes

ISBN 978-7-5217-6422-2

Ⅰ.①一… Ⅱ.①摩… ②宋… ③符… Ⅲ.①金融学－通俗读物 Ⅳ.① F830-49

中国国家版本馆 CIP 数据核字（2024）第 054969 号

Same as Ever by Morgan Housel
Copyright © 2023 by Morgan Housel
All rights reserved including the right of reproduction in whole or in part in any form.
This edition published by arrangement with Portfolio, an imprint of Penguin Publishing Group, a division of Penguin Random House LLC
Simplified Chinese translation copyright © 2024 by CITIC Press Corporation
ALL RIGHTS RESERVED
本书仅限中国大陆地区发行销售

一如既往——不变的人性与致富心态
著者：　[美] 摩根·豪泽尔
译者：　宋红波　符李桃
出版发行：中信出版集团股份有限公司
　　　　（北京市朝阳区东三环北路 27 号嘉铭中心　邮编 100020）
承印者：　北京通州皇家印刷厂

开本：880mm×1230mm　1/32　印张：8　字数：166 千字
版次：2024 年 4 月第 1 版　　印次：2024 年 8 月第 3 次印刷
京权图字：01-2024-1295　　书号：ISBN 978-7-5217-6422-2
定价：69.00 元

版权所有·侵权必究
如有印刷、装订问题，本公司负责调换。
服务热线：400-600-8099
投稿邮箱：author@citicpub.com

献给理性乐观主义者

本书所获赞誉

这本书把心理学、行为决策科学和行为经济学过去半个世纪的诸多重大发现，以通俗易懂、幽默诙谐的小故事娓娓道来，好读、有趣、有用，帮助读者换一个视角看世界、看人生、看经济。强烈推荐一读！

———— 朱宁，著名经济学家、上海交通大学上海高级金融学院副院长

豪泽尔在这本书里的观点，不符合你曾受到的教育。如果你很少接触这样的思考，你的观念肯定需要重构。

———— 万维钢，科学作家、得到 App《精英日课》专栏作者

这本书讲明白了一件十分严肃的事情：怎么在这个慌慌张张的世界上，与不确定性共舞。未来十年，没有比掌握这个能力更重要的事了。

———— 脱不花，得到 App 联合创始人

在一个不断变化的世界中，比起去追求不确定性，理解和把握那些不变的法则更为重要。这本书将逆转你的思考方式，教会你如何通过关注那些长久以来一如既往的真理，来优化风险管理，抓住机会，改变我们对财富和成功的看法。

———— 李一诺，一土教育联合创始人

如果你想在复杂的环境中拥有自我，找到那份"定"，这本书是一个很好的起点。

———— 钱婧，北京师范大学管理心理学教授

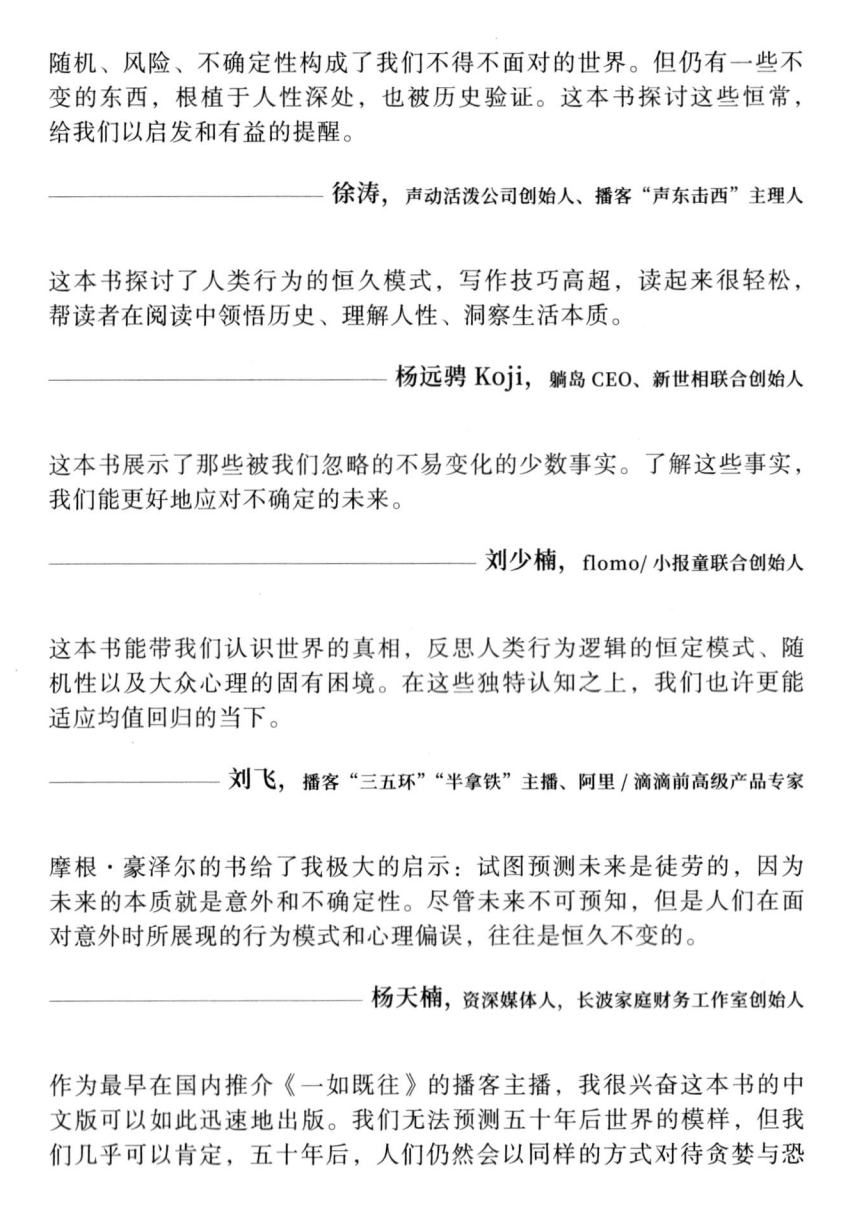

随机、风险、不确定性构成了我们不得不面对的世界。但仍有一些不变的东西，根植于人性深处，也被历史验证。这本书探讨这些恒常，给我们以启发和有益的提醒。

————————— 徐涛，声动活泼公司创始人、播客"声东击西"主理人

这本书探讨了人类行为的恒久模式，写作技巧高超，读起来很轻松，帮读者在阅读中领悟历史、理解人性、洞察生活本质。

————————— 杨远骋 Koji，躺岛 CEO、新世相联合创始人

这本书展示了那些被我们忽略的不易变化的少数事实。了解这些事实，我们能更好地应对不确定的未来。

————————— 刘少楠，flomo/ 小报童联合创始人

这本书能带我们认识世界的真相，反思人类行为逻辑的恒定模式、随机性以及大众心理的固有困境。在这些独特认知之上，我们也许更能适应均值回归的当下。

————————— 刘飞，播客"三五环""半拿铁"主播、阿里 / 滴滴前高级产品专家

摩根·豪泽尔的书给了我极大的启示：试图预测未来是徒劳的，因为未来的本质就是意外和不确定性。尽管未来不可预知，但是人们在面对意外时所展现的行为模式和心理偏误，往往是恒久不变的。

————————— 杨天楠，资深媒体人、长波家庭财务工作室创始人

作为最早在国内推介《一如既往》的播客主播，我很兴奋这本书的中文版可以如此迅速地出版。我们无法预测五十年后世界的模样，但我们几乎可以肯定，五十年后，人们仍然会以同样的方式对待贪婪与恐

惧、机会与风险。书中提到的这些不变的事物会成为我们的锚点，让我们能以更好的心态应对风险与机遇，校正自己的情绪与行动方案。

—————— **李雨白**，有知有行内容主编、播客"知行小酒馆"主理人

如果周期是一台精密运转的仪器，人性一定是其中最关键的一个齿轮。在周期中，趋势的自我强化都是人性在助推，而人性本身又是一个很稳定的循环。这本书用各种案例勾勒了这些人性循环：历史不会重复，但它自然成韵。

—————— **老钱**，播客"面基"主理人

科技、环境总在变，但人性总不变。越是快速变化的社会，也许越值得关注哪些规律长期不变。

—————— **也小谈**，《工薪族财务自由说明书》作者、公众号"也谈钱"作者

在这本书中，你将不断体会到复杂和简单交织而成的美妙。通过阅读这本书，我们这些人生游戏玩家也能更清楚我们所处的世界，更明白游戏的赏罚机制，更敏锐地感受到机会和风险。

—————— **携隐 Melody**，播客"纵横四海"主播

不管你从事什么行业，在人生哪个阶段，只要对未来的不确定感到迷茫，对信息过载感到焦虑，你就一定要读这本书。这本书提供了全新的认知模式。

—————— **大J**，"大J小D"创始人、掌欣早产儿公益创始人

这本书将教会你以平常心看待风险，去追求长期的确定性，收获正向回报。它可以帮我们优化投资观念，是一本值得阅读的佳作。

—————— **夏夏**，公众号"越女事务所"主理人

人类的生活亘古未变，其生理和心理过程历经数十万年延续至今。[1]

——

卡尔·荣格

古往今来，智者所见往往不谋而合；世人多愚痴，其言谈举止也常常如出一辙，但与智者背道而驰。[2]

——

阿图尔·叔本华

历史从不重演，人类却总是重蹈覆辙。

——

伏尔泰

我悟出的一条人生真谛是：要培养先见之明，需要先洞察后见之明。[3]

——

简·麦戈尼格尔

地球上已死去的人口是当前人口的14倍，而我们却忽视前人积累的丰富经验，让自己陷入危机。[4]

——

尼尔·弗格森

23个蕴含不变法则的小故事

目录
CONTENTS

前言 XIII

牵一发而动全身 1
历史告诉我们,未来是无法预测的。

不可预见的才是风险 14
我们善于预测未来,但不善于预测意外,而预测意外才是关键。

预期与现实 24
幸福的第一法则是降低预期。

疯狂的天才 36
一些特立独行的异类,既让人爱,又让人恨。

神奇的概率 44
我们追求的不是准确性,而是确定性。

好故事永远能胜出　*57*

　　故事比数据更有力。

不可量化　*69*

　　世界由不可量化的力量驱动。

稳定中蕴藏危机　*81*

　　疯狂并不一定意味着崩溃。
　　疯狂是正常的，超越疯狂也是正常的。

最佳规模与速度　*92*

　　一个好点子，一旦用力过猛，很快就变成一个坏主意。

当奇迹发生时　*100*

　　逆境更能激发人的潜能。

突发的灾难与长期的奇迹　*114*

　　世界运行的规律就是这样：诸多因素长时间叠加才能成就好事，
　　信心缺失或致命错误却瞬间导致厄运降临。

小与大　*121*

　　微小的变化日积月累会带来巨变。

目录

乐观与悲观　128
取得进步需要同时具备乐观主义心态和悲观主义心态。

完美陷阱　135
小缺陷实则大优势。

天下无易事　143
值得追求的事总是伴随着痛苦。诀窍在于不要在意痛苦。

永不停息　152
大多数竞争优势最终都会消失。

未来的奇迹　160
人们总是感觉自己落后了，常常低估新兴技术的潜力。

表面光鲜，背后辛酸　167
别人的草坪看似更绿，只是因为加了滤镜。

动机的力量　172
动机疯狂，行为也会疯狂。在动机的驱动下，几乎任何事情都可以变得合情合理。

躬行出真知　*180*

亲身经历更具说服力。

长期主义　*187*

说"我要做长远打算",有点儿像站在珠穆朗玛峰脚下,指着山顶说"那是我心之所向"。听起来不错,但真正的考验在后头。

舍繁求简　*193*

挑战难题没有附加分。

伤口虽愈,疤痕永在　*201*

你有什么我没经历的事情让你笃信自己的行为?
如果与你有同样的经历,我也会像你一样看待这个世界吗?

值得思考的问题　*209*

致谢　*213*

注释　*215*

前言

生活小法则

我曾与沃伦·巴菲特的一位熟人共进午餐。

这里姑且称他吉姆(化名)。2009年底的一天,吉姆和巴菲特一起在内布拉斯加州奥马哈市开车兜风。那时,全球经济正处于瘫痪状态,奥马哈市也不例外,商店歇业,工厂关门。

吉姆问巴菲特:"现在情况太糟糕了,经济怎样才能复苏?"

巴菲特反问道:"吉姆,你知道1962年哪种糖果最畅销吗?"

"不知道。"

"是士力架。"巴菲特说,"那你知道现在哪种糖果最畅销吗?"

"也不知道。"

"还是士力架。"巴菲特说。

随后两人陷入沉默，谈话就此结束。

本书包括很多这样的小故事，这些故事都在讨论变化世界中的不变之道。

历史上发生了很多人类未曾预料的事情，但历史也蕴藏着恒久不变的智慧。

无论穿越到500年前还是500年后，你都会对科技和医疗领域发生的巨变无比惊叹！你会发现不同时代的地缘政治秩序天差地别，通用语言和方言也截然不同。

然而，你会发现，人们一如既往地深陷贪婪和恐惧之中难以自拔。

你会发现，人们一如既往地被风险、嫉妒、种族认同等问题困扰。

你会发现，人们一如既往地高傲自大、目光短浅。

你还会发现，人们一如既往地追寻幸福生活的秘诀，以及根本不存在的确定性。

如果进入一个陌生的世界，花几分钟观察一下人们的言谈举止，你就会恍然大悟："噢！人类的行为一如既往，从未改变。"

变化令人惊奇，令人兴奋，因而备受关注。但是，那些永恒不变的人类行为蕴含着最深刻的历史经验，因为它们能够预示未来，而且能预示每个人的未来。无论身份、国籍、年龄或财富状况如何，我们都能够从人类行为中吸取一些永恒的经验教训，并受益无穷。

这个道理很简单，却容易被忽视。一旦领会，我们就能更好地洞察自己的生活和世界运转的规律，从而更从容地应对未来。

亚马逊公司创始人杰夫·贝佐斯曾说，人们经常问他未来10年会发生哪些变化。"但是几乎没有人问过我：'未来10年里有什么事情不会改变？'我认为，这才是更重要的问题。"[1]

永恒不变的事情之所以重要，是因为我们深信它们能塑造我们的未来。贝佐斯说，毫无疑问，未来亚马逊网站的客户将一如既往地追求低廉的价格和快捷的物流，所以公司也会一如既往地在这些方面投入大量资金。

这一道理适用于生活的方方面面。

我无法预测明年或任何一年的股市状况，但我确信，人类的贪婪和恐惧之心将永不改变。因此，我花了很多时间来思考这一问题。

我不知道谁会赢得下届总统选举，但我可以确定，人们的种族身份认同必然会影响其思维方式，因为千年之前如此，千年之后仍将如此。

我无法预言未来10年哪些企业将成为业界翘楚，但我确信同样的故事会在商界反复上演——赢家被成功冲昏头脑，于是开始懒惰懈怠，坐享荣光，最终跌下神坛。这样的故事过去几百年来从未改变，未来也不会改变。

几个世纪来，哲学家不断思考一个问题：人的生活方式有无限可能，但实际上每个人能过的生活只有一种。这个扎心的说法值得我们深思，也让我们追问：我们经历的生活方式以及各种可

XV

能的生活方式中有哪些共同特质？这些特质是共通的，与机缘、运气或巧合无关，显然这才是我们应该关注的最重要的事。

企业家兼投资人纳瓦尔·拉维坎特也发表过同样的观点："如果有1 000个平行世界，你想在999个世界中成为有钱人。你不想因为在一些世界中运气好，就腰缠万贯，也不想因为在另一些世界中运气差，就穷困潦倒。所以，在获得财富的过程中，你要排除'运气'这不可控因素"[2]。

如果有1 000个平行世界，那么什么样的普遍真理适用于每个世界？这正是本书探讨的内容。

本书的23章你均可单独阅读，也可以跳过任一章节，或者只选择感兴趣的章节阅读。我相信，这些章节揭示的真理具有共性，每个主题不仅过去数百年适用，未来几百年依然适用。

本书的每一章篇幅都不长，读起来很轻松。许多内容选自我的风投基金Collaborative Fund博客网站，涉及财富、历史和心理学等多个跨学科领域。

在第一章，我会通过讲述自己生命中的一次不幸经历，揭示我们的世界是多么脆弱。

牵一发而动全身

历史告诉我们，未来是无法预测的。

回顾历史，我们会意识到，世间很多事情都是牵一发而动全身的。历史上一些影响广泛、意义深远的变化，可能都源于某次偶然的际遇或某个不经意间的决定，最终却造就了奇迹，或者酿成了大祸。

作家蒂姆·厄班曾写道："假使你有机会穿越回到自己出生之前，相信你对要走的人生道路一定会感到不知所措，因为你意识到，即使当下最细微的改变也可能对未来产生重大影响。"[1]

此话千真万确！

接下来我要通过自己的故事，谈谈我是如何对这个话题产生兴趣的。

一如既往

我从小就参加美国太浩湖的滑雪比赛,还曾是加州斯阔谷滑雪队的一员。在十多年的时间里,滑雪是我生命的核心。

斯阔谷滑雪队有十几名队员。那是 21 世纪初,我们一群十几岁的少年朝夕相处,每周 6 天,每年 10 个月,到世界各地滑雪。

大家在一起时间久了,争吵是家常便饭,我和队里大多数人关系一般。不过我和三个人是形影不离的伙伴,其中两人是布伦丹·艾伦和布赖恩·里士满,接下来我要讲的就是关于他俩的故事。

2001 年 2 月 15 日,斯阔谷滑雪队结束在科罗拉多州的比赛回到加州。因为太浩湖遭遇百年不遇的特大暴风雪,我们的返程航班被延误了。

由于滑雪比赛需要在坚硬的雪面上进行,而当时地面只覆盖了一层新雪,因此我们的训练被取消了,布伦丹、布赖恩和我准备利用一周时间去营地周围自由滑雪,放松消遣。

2 月初冷空气来袭时,太浩湖先下了几场轻盈蓬松的雪,积雪近 1 米厚。而在 2 月中旬下大雪实属罕见,此时气温已经上升,没有结冰,一场猛烈的暴风雪过后,积雪厚重而又潮湿。

当时,我们没意识到,厚重的大雪覆盖在蓬松的雪层上,这种结构非常脆弱,雪层极易滑动从而引发雪崩。

为了保护游客,滑雪场一般都会封锁危险坡道,在夜间通过爆破的方式人工制造雪崩，以减少日间发生雪崩的概率。

但是，如果跨过"严禁跨越"的警戒绳，前往不对外开放的禁区滑雪，滑雪场的措施可保护不了你。

2001年2月21日上午，布伦丹、布赖恩和我在斯阔谷滑雪队的更衣室里碰头，与以往数百次碰面并无分别。那天一早，布赖恩离家时曾对他妈妈说："放心，我不会去禁区滑雪的。"

但是，我们仨一踏上滑雪板，就把布赖恩对他妈妈的承诺抛在脑后了。

在斯阔谷的背面（现在是帕利塞兹滑雪场），KT-22滑雪缆车道的后方，有一段约1.6千米长的山脊，隔开了斯阔谷与高山草甸滑雪场。

那里坡度陡峭，地势开阔，地表起伏，滑雪非常刺激。

在2月21日之前，我们曾去斯阔谷背面滑过十来次雪，滑下去是一条偏僻的乡野小路，我们可以从那里搭便车返回更衣室。因为整个路程很长，所以我们并不常去那儿滑雪。

那天早上，布伦丹、布赖恩和我决定去那里滑雪。

我记得，我们一跨过警戒绳就遭遇了一场雪崩。

我之前从未经历过雪崩，那次的经历毕生难忘。当时我没有听到雪崩的声音，也没看到雪体滑动的迹象，而是突然意识到脚下的滑雪板离开了地面，完全漂浮在一团团雪沫之中。在这种情况下，你已经完全失控，不再是你用滑雪板推动积雪以获得牵引力，而是你被雪体推动着行进，你唯一能做的是保持平衡，不要摔倒。

那场雪崩规模不大，很快就结束了。

"你们看到雪崩了吗？"当到达公路时我问他俩。

"哈哈，看到了，太刺激了！"布伦丹回答。

随后我们搭便车回到更衣室，一路上没人再提刚刚发生的雪崩。

———

回到斯阔谷后，布伦丹和布赖恩表示还想去斯阔谷背面滑雪。

而我说不上来原因，就是不想去了。

不过我有个主意，布伦丹和布赖恩一起去滑雪，我可以开车绕过去接他们回来，这样他们就不用搭便车了。

我们都表示赞同，于是分头行动。

30分钟后，我开车到达了我们约定的位置。

然而，他们竟然不在那里。

我又等了30分钟，决定不等了。从山上滑下来只需一分钟左右，这么久还没等到他们，我猜他们比我先到山底，已经搭便车回去了。

我开车回到更衣室，以为会碰到他们，结果他们不在那里。

我到处打听,也没人见到他们。

下午4点左右,我接到了布赖恩妈妈打来的电话,通话中她讲的每个字我至今记忆犹新。

"你好,摩根。布赖恩今天没去训练。你知道他在哪儿吗?"她问道。

我如实告诉了她。"我们上午在KT-22后面的山坡上滑雪。滑下来之后,他和布伦丹又上去了一趟,我开车到山底去接他们,但他们不在那里。我到现在也没有见到他们。"

"天哪!"她叫出声来,随即挂断了电话。

布赖恩的妈妈本身就是滑雪高手。我想,那一刻她一定有了不祥的预感。我也一样。

时间一点点过去,大家越来越担忧。

最后有人报了警,登记了人员失踪信息。警方一开始没有当回事,认为布伦丹和布赖恩可能溜出去参加什么聚会了。

我知道这不可能。"他们的鞋还在那里,"我指着更衣室地板上布伦丹和布赖恩的运动鞋说,"这说明他们现在还穿着滑雪靴。现在已经是晚上9点了。你想想,都晚上9点了,他们还穿着滑雪靴。"此时,在场的人面面相觑,突然意识到事情的严重性。

晚上10点左右,我被叫到斯阔谷消防局,与当地搜救队会合。

我向他们详细描述了布伦丹、布赖恩和我当天的所有活动。搜救队拿出从直升机上拍摄的巨幅地形照片,我给他们指出我们进入禁区的确切位置。

然后，我告诉他们早上发生的小型雪崩。我一开口，就能感到搜救队员脑海中联想到了什么。我清楚地记得，等我话音刚落，两名搜救队员四目相对，叹了口气。

接下来，搜救队员在夜色中打着强光灯，领着搜救犬展开了搜救工作。

我后来得知，救援人员一抵达我们滑雪的那块禁区，就发现了最近一次雪崩留下的一个新裂口。雪崩造成了巨大的破坏，"像是半座山被撕开了"，其中一人描述道。

午夜时分，我开车回到更衣室。可容纳数千辆汽车的斯阔谷停车场空空荡荡，所有人都已回家，只有布伦丹的吉普和布赖恩的雪佛兰皮卡并排停在那儿。

我躺在更衣室的长椅上想睡一会儿，却合不上眼。我现在还记得，我当时想象着布伦丹和布赖恩从门外冲进来，然后我们为我报警找他们而一起捧腹大笑。

次日上午9点，更衣室里挤满了其他滑雪队员以及他们的父母、朋友和家人，大家都希望能尽点儿力。于是，这里成了搜索行动的集结地。

后来，我躺在长椅上睡着了。

没过几分钟，我被撕心裂肺的尖叫声惊醒。

我立刻明白发生了什么。大家心里也都清楚了。

我走到更衣室的二楼，看到布赖恩的母亲瘫坐在沙发上，尖叫声是她发出的。

"知道这个结果，我很难过！"我对她说道，然后放声大哭。

大家的悲痛难以描述。我当时不知道还能说些什么，直到现在我也不知道该说些什么。搜救犬在雪崩现场确定了一个方位，救援人员借用探杆发现布伦丹和布赖恩被埋在近 2 米深的积雪中。

他们两人的生日相隔一天，离世地点相距约 3 米。

那天晚些时候，我开车去父亲上班的地方，我迫切想见到我的家人。父亲在停车场见到我时哽咽着说："能见到你真是太幸福了！"这是我人生中唯一一次看到父亲流泪。

直到那一刻我才意识到，自己离死亡仅一步之遥。

我不禁开始思考，为什么我第一次和他们一起去滑了雪，而第二次却没有去？可以说，这个决定让我躲过了一劫。

这个问题我思考了无数次，但茫然不解。

我茫然不解！

没有任何合理的解释。

我当时并没有仔细考虑，没有测算风险，没有咨询专家，没有权衡利弊。

我这次死里逃生完全是一种侥幸。一个偶然、不经心的举动，却成为我人生中最重要的决定，其重要性远远超出我过去或将来任何一个经过深思熟虑做出的决定。

以上是我的亲身经历，也许你的生活中也有类似的故事。如果留心，你就会发现历史上类似的事情不胜枚举。

下面我与大家分享三个匪夷所思的事例，来说明一些不起眼的小事如何在不经意间对当今世界产生了极为重要的影响。

———

在美国独立战争中，1776年的长岛战役对乔治·华盛顿的军队来说简直就是一场灾难，他的1万人被英国陆军及其400艘战舰组成的舰队击溃。

但是，这场战役的结局还可以更糟糕，甚至扭转我们所知的美国独立战争的结局。

英国人原本可以沿伊斯特河逆流而上，然后将身陷绝境的华盛顿军队一举歼灭。

但是，这一切并没有发生，原因是当时风向不对，英国船舰无法扬帆起航。

历史学家大卫·麦卡洛曾告诉记者查理·罗斯："如果1776年8月28日晚上的风向正好相反，那么华盛顿的军队就会全军覆没。"[2]

罗斯问："也就是说，倘若风向相反，就不会有美利坚合众国了吗？"

"是的。"麦卡洛说。

"就因为风向，历史会被改写？"罗斯追问。

"没错。"麦卡洛回答。

1915年，巨型邮轮"卢西塔尼亚号"从纽约出发，驶往英国利物浦。为了节省开支，威廉·特纳船长下令关闭邮轮的第四个锅炉。这一决定会减慢航速，航期会被延长一天。当时客船行业举步维艰，虽然航行速度变慢令人恼火，但能省下一笔钱也是值得的。[3]

然而，没有人，包括船长都不曾料想，这个决定即将造成致命的后果。

由于航期延长，"卢西塔尼亚号"驶入了德国潜艇所在的战区水域。

结果，"卢西塔尼亚号"被德国的鱼雷击中，近1 200名乘客丧生。这一事件成为美国参加第一次世界大战的导火索。

如果第四个锅炉没有被关闭，"卢西塔尼亚号"就会在德国潜艇驶入凯尔特海的前一天到达利物浦，而不会与之在那片海域相遇。如果邮轮没有此次劫难，美国原本可以避免被卷入第一次世界大战，那么20世纪的世界历史就会被改写。

一如既往

======

1933年2月15日，一个名叫朱塞佩·赞加拉的砌砖工人在迈阿密举行的一场政治集会上试图枪杀美国当选总统富兰克林·罗斯福。赞加拉个子不高，不到一米五三，需要站在椅子上才能把枪口瞄准人群之中的目标。

赞加拉开了5枪，其中一枪失手击中了正与罗斯福握手的芝加哥市长安东·瑟马克，导致其死亡。[4] 而真正的枪杀目标罗斯福于两周后宣誓正式就任总统。[5]

罗斯福在就职后的几个月内通过"新政"改变了美国的经济。如果赞加拉当时没有失手，就任总统的就该是与罗斯福搭档的副总统候选人约翰·南斯·加纳。加纳反对罗斯福新政的大部分赤字开支，如果加纳当选总统，他绝对不可能实施类似的政策，而罗斯福新政中的一些政策至今还在影响着美国的经济。

======

类似的例子数不胜数。当某个看似微不足道的小事朝着相反的方向发展时，每个重大事件的结局或许都会大相径庭。

世间很多事情都可谓牵一发而动全身。

研究历史的一个讽刺之处在于，我们通常非常清楚一件事的结局，而对其起因却全然不知。

例如，是什么造成了2008年的金融危机？

要回答这个问题，我们必须了解抵押贷款市场。

那么是什么造就了抵押贷款市场？我们必须先了解此前30年的利率下降。

那么是什么导致了利率下降？我们必须了解20世纪70年代的通货膨胀。

那么是什么导致了当时的通货膨胀？我们必须了解20世纪70年代的货币体系和越南战争的后续影响。

那么又是什么引发了越南战争？我们必须了解冷战，如此等等。

———

当前发生的每件事，无论大小，其来龙去脉都如家族关系般错综复杂。忽视这些"家族关系"，可能会让我们混淆对事件的理解，从而错误地判断事件发生的缘由、可能持续的时间，以及再次发生的条件。孤立地看待一个事件而不是追溯根源，会让很多问题难以解释，例如为何做预测如此之难？为何政坛会混乱肮脏？

人们常说，只有了解历史，才能预知未来。但实际上我们得承认，了解历史，并不意味着我们能预知未来。事物的发展总是错综复杂，深不可测。

世界容易受到偶然和意外事件的影响，所以有两件事我时刻谨记于心。

第一件事是要根据人的行为而非具体事件进行预测，这也是本书立论的前提。虽然无法预料 50 年后的世界是何种面貌，但我笃信，人仍将以同样的方式面对贪婪、恐惧、机会、剥削、风险、不确定性、种族认同和社会舆论等。

预测之所以困难，是因为我们不善于追问："然后呢？"

"油价上涨会导致人们少开车"，这个说法貌似合乎逻辑。

但是，然后呢？

由于人们需要开车出行，他们会寻求更省油的汽车。他们会向政府官员提出诉求，政府会推出税收减免政策帮助公众购买省油的汽车。然后，市场要求石油输出国组织（OPEC）开采更多原油，能源企业家会不断创新。而石油行业深谙经济盛衰之道，所以可能会抓住时机大肆开采，随之而来的是石油价格下跌。同时，市面上也会出现能耗更低的汽车。进而城郊地区可能会更受置业者青睐。最终的结果就是，人们驾车出行的需求变得更强烈。

结果只有老天知道！

万事万物都在变化，各种变化都以其独特的方式影响着世界。因此，做预测异常困难。我们无法参透历史事件之间的联系，这让我们或许不敢再妄谈预测未来。

第二件需要牢记的事情是，要敢于想象。无论今天的世界是什么样子，无论当下什么大行其道，到了明天，一切都可能发生改变，变化的起因同样可能是一些看似微不足道的小事。事件的发展就像金钱一样，遵循复利法则。复利的核心特征是，一开始一个微小的事物不知会演变得如何庞大。

　　下一章我给大家讲另一则往事，来说明我们多么容易忽略风险。

不可预见的才是风险

我们善于预测未来,但不善于预测意外,而预测意外才是关键。

众所周知,人不善于预测未来。

但如果简单地断言"人不善于预测未来",那就忽视了一个重要的细微差别。准确地说,我们善于预测未来,但不善于预测意外,而预测意外才是关键。

最大的风险总是那些没有人预料到的事。因为没有人预料到,所以没有人做准备;因为没有人做准备,所以造成的损失就会加倍。

下面这个小故事讲的就是这方面的惨痛教训。

美国国家航空航天局(NASA)的宇航员在正式乘火箭进入太空前,会在地球乘坐高空热气球进行测试。

1961 年 5 月 4 日，美国宇航员维克多·普拉瑟与一位同事乘坐热气球飞到了约 35 千米的高空测试 NASA 的新宇航服。

这次航行很成功，宇航服经测试完全没有问题。

返航时，当热气球下降到可以自由呼吸的高度时，普拉瑟打开了头盔上的面罩，迫不及待想要呼吸新鲜空气。[1]

热气球顺利降落到海面上，直升机准备将他送到安全区域。然而，此时一个小意外发生了：当试图攀上直升机的救生索时，普拉瑟不慎滑落到了海里。[2] 这本来不是什么大事，直升机上的人也没有慌张，因为宇航服是防水的，可以让人在水里浮起来。

但是，普拉瑟已经打开面罩，暴露在了外部环境中，于是海水瞬间涌入宇航服，他溺水身亡了。

想想把一个人送上太空得做多少精心筹划？需要专业知识，需要应急预案，需要各种假设和对策。每个细节都要经过成千上万名专家的仔细推敲。NASA 可能是有史以来最看重筹划工作的机构，因为成功登月不能靠运气，不能靠祈祷，必须为每个可预见的风险准备好几套应对方案。

尽管 NASA 的筹划工作如此周全，但普拉瑟这次却因没人预料到的一个小问题而丧命。

知名理财顾问卡尔·理查兹曾说："所谓风险，就是你认为已经考虑周全，而实际被遗漏的东西。"[3]

这才是"风险"真正的定义：你为想象中的风险做足了准备，而想象之外发生的情况才是风险。

一言以蔽之，不可预见的才是风险。

一如既往

回顾历史上具有重大影响的事件——新冠疫情、"9·11"恐怖袭击事件、珍珠港事件、经济大萧条等等，它们的共同特点不在于它们都是重大事件，而在于它们都是意外事件——在事件发生之前，几乎没有人发现端倪。

"繁荣之后必有衰退"可以被视为经济运行的定律。回顾历史不难发现，20世纪20年代、90年代末，以及21世纪初的每次大繁荣之后，经济都出现了大衰退，这是难以违背的规律。

1929年10月，在美国经济大萧条的前夕，股市泡沫达到了历史最严重的水平，经济学家欧文·费雪当时断言："股价已经达到高点，看似将长期保持高位！"[4]

今天我们回顾费雪的论断，不免觉得可笑。为什么他如此睿智，却未察觉到灾难注定会发生？依照"经济越繁盛，萧条越严重"的规律，当时大萧条的发生应该是显而易见的。

不仅费雪未预测到经济大萧条，其他专家也没预料到那场灾难的降临。

关于当年经济大萧条是否必然发生的问题，我几年前采访了诺贝尔经济学奖获得者罗伯特·希勒[5]，他以研究市场泡沫问题而闻名。他回答说：

没有人预料到那次大萧条！一个人都没有！谁都没料到！当然，有些人会说，当时的股价被高估了。但如果仔细分析，他们的意思是说大萧条要来了吗？说的是持续 10 年的萧条吗？没有人说的是这个意思。

我咨询过经济史学家，是否有人预见过经济大萧条，结果是一个都没有。

希勒的这番话我一直记在心里。如今，我们凭借后见之明能够理解，在"咆哮的 20 年代"之后发生大萧条是显而易见、不可避免的。但当年人们却坚信，即将到来的 20 世纪 30 年代充满了无限可能，他们做出了各种预期，但是就是没有预料到大萧条。

有些事看起来必然发生，但当局者迷，对此有两种解释：

- 当时的人们陷入了错觉。
- 现在人回头看是"事后诸葛亮"。

如果我们只认定第一种情况，认为人们不可能未卜先知，那实属荒谬。

《经济学人》是我非常欣赏的杂志。每年 1 月，《经济学人》都会发布一份当年经济形势预测报告。2020 年 1 月的预测报告根本没有提到新冠疫情，也完全没有预测到俄乌冲突。

我没有批评之意。在杂志出版之前的几个月里，不可能有人知道会发生这两件事。

但这就是问题的关键：最重大的新闻、最严重的风险、影响最深远的事件，总是难以预测的。

我们换一种方法解释：经济不确定性一直存在，只是人们对潜在风险的无知程度在变化。问最大的风险是什么，如同在问，有哪些意想不到的情况会发生。如果知道最大的风险是什么，你就一定会加强防范；加强防范，风险自然就会降低。无法预测的事情才是真正的风险，正因如此，风险永远无法被有效控制。

我敢保证，未来不可预测是不会改变的铁律。今天不可能有人能预测未来 10 年将发生哪些最重大的风险和最重要的新闻。在任何时代，这都是永恒的真理，它已经被历史证明，所以我才如此笃信：未来不可预测是最大的风险。

即使是像美国经济大萧条这样严重的问题，在问题已经出现苗头的时候，许多人也毫无察觉。

我们知道，经济大萧条始于 1929 年。1930 年，有人对美国国家经济联盟的专家开展了一项调查，希望这些见多识广的专家能选出美国当时最严重的问题[6]，调查结果排序如下：

(1) 司法行政
(2) 禁酒法案
(3) 违法行为
(4) 犯罪行为
(5) 执法问题
(6) 世界和平

排在第 18 位的才是失业。

到了 1931 年，即大萧条发生后的第二年，失业问题才上升到第四位，排在禁酒法案、司法行政和执法问题之后。

这就是大萧条如此可怕的原因：没有人预料到它会发生，所以也没有人做任何准备。在经济层面，人们无力还债；在精神层面，人们无法面对突然失业带来的冲击和悲伤。

这一问题的关键是，我们不得不承认：人类对外部世界的认识是多么有限。

1941 年，富兰克林·罗斯福总统图书馆开馆。罗斯福总统环视了一下房间，然后笑出声来。一名记者问他为什么这么高兴，总统说："我在想，历史学家来这里查阅资料，可能都认为一定能找到问题的答案。"[7]

然而，不只是关于未来，即使是关于过去，我们不知道的事情也太多了。

历史文献通常有三类载体：（1）照片记录；（2）文字记载；（3）口述史料。

历史上的重要信息有多少能被囊括在这三类文献里呢？没人知道。但应该是很小的一部分。而且，这三类文献还可能存在错误理解、信息缺失、夸大其词、虚假陈述，以及选择性遗忘等问题。

人们认识世界历史和现实的视野颇为有限，因此很容易低估自身的无知，低估当下实际发生的事情，低估正在酝酿的潜在问题！

看看那些无忧无虑的孩子，他们在阳光下快乐地玩耍，脸上洋溢着幸福的微笑。

在他们看来，一切都很美好。整个世界就在他们眼前——妈妈哄着，爸爸陪着，衣食无忧，玩具触手可及。在他们看来，生活很完美，他们了解整个世界。

实际上，孩子们不知道的东西实在太多了。一个三岁的孩子根本理解不了地缘政治。为什么利率上升会给经济带来负面影响？为什么人们需要薪水？什么是职业？什么是癌症风险？这些问题他们完全看不到，也想不到。

心理学家丹尼尔·卡尼曼说："我们从未想过，由于自己的无知，曾经相信的一切可能会被全部推翻。"

不只是孩子，成年人对世界上正在发生的事情也知之甚少，这不可思议。

2001年9月11日早晨，在恐怖分子对纽约世界贸易中心发动袭击前的几分钟，当地某广播电视台开始播报："早上好！现在是早上8点，温度为18摄氏度。今天是9月11日，星期二……今天是美好的一天，阳光明媚，天气怡人。下午温度预计27摄氏度……"[8] 这一画面至今让人记忆犹新。

但是，他们没有预料到，美好的晨光里潜藏着巨大的风险。

================

应对"9·11"恐怖袭击事件这样的"风险"，恐怕任何人都无能为力。这是世界运行的一个法则。

你无法为没有预想到的事情做好准备。你越觉得自己考虑得周全，当意外发生时，你所遭受的冲击就越大。

不过，有两事件可以引导你思考如何更有效地应对风险。

第一，要像加利福尼亚州预防地震一样对待风险。该州预测一定会发生大地震，但并不能预测发生的时间、地点和震级。尽管没有具体的预报信息，但紧急救援队随时待命，建筑物设计至少能应对百年一遇的大地震。"黑天鹅之父"纳西姆·塔勒布说："投资的重点是准备工作，而不是预测工作。"[9]他的话一语中的。

如果你认为在精准预测之后才开始准备，风险就变成危险了。即使不知道风险何时何地会发生，也要做好风险终究要发生的预期，而不是完全依赖预测。事实上，几乎所有的预测要么是无稽之谈，要么就是些尽人皆知的事。预期和预测是两回事。在这个世界上，风险无法被预测，所以预期比预测更有意义。

第二，要意识到，如果只为可预见的风险做准备，当发生无法预见的风险时，你就会措手不及。在个人理财中，当你对存款额有疑虑，觉得是不是存得有点儿多了时，这正是对你来说合理的存款额度。

同样的道理也适用于评估你的债务承担能力，不管你认为这个数字是多少，你实际能够承担的数额都比你想象的要少一些。你所做的准备不一定靠谱，毕竟世界上的重大历史事件在真正发生之前都像无稽之谈。

在很多情况下，对意外变故感到措手不及并不是因为事先没有计划。有时候，即使是世界上最有智慧的规划者日夜不息、竭尽所能地预测每个可能的风险，最后也有可能以失败告终。他们为每个看似可能发生的风险做了计划，最终却因始料未及的事情遭受重创。

————

著名魔术师哈里·胡迪尼过去在表演中经常会邀请观众中最强壮的一位上台，让他用力击打自己的腹部。

胡迪尼是名业余拳击手，他告诉观众，他可以承受任何人的击打而毫不退缩。这项特技与他深受人们喜爱的逃脱术相似，都展现出他的身体可以突破物理条件的限制。

1926年，在一场表演结束后，胡迪尼在后台与一群学生见面。其中一个叫戈登·怀特黑德的学生趁他不备，对着他的腹部来了几拳。

怀特黑德没有恶意，他以为自己只是照着胡迪尼台上的表演再演一次。

但是，胡迪尼当时的状态与他在台上并不一样，他没有为突如其来的这几下击打做好准备。他没有像平时那样收紧腹部，也没有稳住身体、调整好呼吸。怀特黑德的攻击出其不意，胡迪尼立刻摆手示意他停止，并露出痛苦的神色。

第二天，胡迪尼醒来，痛得全身蜷缩。他的阑尾破裂了，应该是怀特黑德的击打所致。不久之后他就去世了。

哈里·胡迪尼生前可以说是最具天赋的逃脱术大师。不管是用绳索把他捆住扔到河里,还是用沙子把他活埋,他都能在几秒钟内逃脱困境,这都是因为他事先制订好了逃脱计划。

但那天面对学生的一通突然袭击,他没有丝毫准备,这就成了最重大的风险!

因此,始料不及的事情是最大的风险。

在下一章,我们聊一聊关于预期的话题,为什么当一切都在变好时,人们却没有幸福感。

预期与现实

∞

幸福的第一法则是降低预期。

幸福感主要取决于预期。对大部分人来说,当今世界越来越美好,要获得幸福感,保持稳定的目标是一项重要的生活技能。然而,要做到这一点并不容易。

我们都熟悉人类历史的发展进程:生存境况得到改善,财富实现增长,技术进步提高了效率,医学进步延长了人的寿命,最终人们的生活质量大幅提升。但与此同时,人们的预期提高了。社会的发展不仅惠及你,还有你身边的人,而人们习惯于与他人的境况做比较。尽管世界在不断进步,但人们的幸福感却没有多大提升。

这种情况从未改变。早在 275 年前,孟德斯鸠就写道:"如果你希望自己幸福,这很容易;但如果你希望自己比别人更幸福,这就很难了,因为我们总是高估别人的幸福。"

亿万富翁约翰·洛克菲勒在他那个时代从来没有使用过青霉素、防晒霜或布洛芬镇痛药。而在今天,即便是美国的低收入人群都用得起镇痛药和防晒霜,但你不能说他们一定比洛克菲勒感觉更幸福。人们总是通过与身边的人比较,来衡量自己的幸福感。当生活变得更加富裕时,用不了多久,曾经是奢侈品的东西就会变成必需品。

投资家查理·芒格曾指出,驱动世界发展的力量不是贪婪,而是嫉妒。

我们可以通过一则发生在20世纪50年代的故事来理解芒格的这番话。

———

1953年1月,美国《生活》杂志的封面故事开篇写道:"现在和不久的将来一片光明。"[1]

"去年是这个国家历史上经济最辉煌的一年。"文章接着说,"美国连续10年实现充分就业,这得益于一些新的管理理念,包括社会日益认识到,人们需要在健康舒适的条件下工作,获取良好的经济收入,从而从工作中获得价值感。"[2]

财富来得如此之快,以至很多人都难以适应。《生活》杂志引用一位出租车司机的话说:"在20世纪30年代,我每天想的是如何填饱肚子，而现在我担心找不到停车位。"

如果你觉得这些话没什么特别，那是因为在人们的记忆中，20世纪50年代是中产阶级的黄金时代。如果问美国人美国什么时期最繁荣，20世纪50年代通常是首选。那时候与我们今天相比如何呢？完全是两个不同的世界，没有可比性。但人们内心深刻的感受是，还是那个时代更好。

人们普遍对20世纪50年代的生活充满怀旧感。地缘政治学家乔治·弗里德曼总结道：

在20世纪50年代和60年代，家中有一个人工作就能达到中等收入水平——通常是丈夫工作，妻子持家，两人养育了三个孩子。他们能够买得起中等住宅区的房产，并配有一新一旧两辆车。他们能开车外出度假，如果精打细算一点儿，还能有些积蓄。[3]

这段描述反映了美国20世纪50年代的真实状况：当时中等收入家庭基本上都是三个孩子，养一条宠物狗，丈夫在工厂工作，负责赚钱养家。

但是，认为那时的一般家庭无论以何种标准衡量都比现在过得更好、更富裕、更有安全感，这种想法是站不住脚的。

从经通货膨胀调整后的家庭收入中位数[4]来看，1955年为29 000美元[5]，1965年为42 000美元，2021年为70 784美元。

《生活》杂志中所描述的20世纪50年代的繁荣，在20世纪20年代的人看来是不可思议的。我们现在的生活对20世纪50年代的人来说也是如此，他们应该想象不到，孙辈的收入是他们的两倍多。

现代人收入增加并不是因为工作时间变长，也不完全是因为大量女性加入劳动力大军。经通货膨胀率调整后，今天的时薪中位数比 1955 年高出近 50%。[6]

当今的一些经济问题想必会让 20 世纪 50 年代的家庭感到困惑。

那个年代，住宅自有率比今天低 12 个百分点。[7] 家庭平均人口比现在多，但是每户住宅面积只有现在的 2/3。[8] 那时食品消费占普通家庭预算的 29%[9]，现在则是 13%。那时工伤死亡人数是今天的 3 倍。[10]

20 世纪 50 年代为何成了美国人向往的经济时代？我们有必要了解其中的原因。

美国著名律师本·费伦茨随父母移民美国，他的童年生活非常艰苦。他父亲不会说英语，没有工作，住在纽约一个由意大利黑帮控制的地区，他们的日常生活充斥着暴力。

但是，费伦茨感觉父母并不苦恼，他们依然为移民新生活感到振奋。他回忆说：

虽然生活很辛苦，但他们没感到艰难，因为移民以前的日子更艰苦。现在就算再差，也比过去好很多。"[11]

二战期间的一个寒冬，身为犹太人的费伦茨一家为了躲避纳粹的迫害，逃离罗马尼亚，乘船前往美国，在露天甲板上差点儿被冻死。费伦茨后来成为一名律师，在纽伦堡审判中起诉纳粹战犯。他是我认识的最幸福的人之一。

可见，预期可以改变人们对当前境况的理解，其影响的程度超乎你的想象。

我有一个朋友在非洲长大，生活极度贫困。现在，他在加利福尼亚从事科技工作。他说，直到今天，每当吃上一顿热腾腾的饭菜时，他都会感到特别幸福。美国食品的充裕让他感到震惊，他的话也让我感到震惊——对于我习以为常的事情，他竟然能从中获得巨大的快乐！

2007年，《纽约时报》采访了美国婚恋交友网站Match.com的创始人加里·克雷曼。[12]当时克雷曼43岁，身家高达1 000万美元，跻身全美最富有的1%群体，可能位列全球最富有的十万分之一行列。然而，在硅谷他只是个普通人。他说："在这里，身家1 000万美元也只是个无名小卒。"《泰晤士报》报道说："他每周工作60～80个小时，因为他觉得自己的收入还远远不够，还不能躺平。"

其实，财富没有客观的标准，一切都是相对的，而且主要与你周围的人有关。通过与他们比较，你很容易确定自己的生活目标和预期，每个人都是如此。我们都会有意无意地环顾周围的人,然后问自己:"像我这种情况的人拥有什么?他们在做什么?他们所拥有的、所做的,我都不能差。"

这一视角能让我们更好地理解,尽管我们今天的生活水平远超 20 世纪 50 年代,但那个时代依然让人向往。

———

金钱可以带来幸福和快乐。如果消费适当,金钱会创造快乐;如果贪慕虚荣,金钱会敲响警钟;如果贪欲无度,金钱将招致祸患。

20 世纪 50 年代的独特之处在于,人们有能力保持财务平衡,这种能力让前后各个时代都望尘莫及。

第二次世界大战给美国的经济和社会留下了烙印。1942 年至 1945 年间,几乎所有人的工资标准都由国家战时劳工委员会制定。他们倾向于缩小社会薪资差距,因此低收入群体和高收入群体之间的收入差距并不大。

即使在工资管制被取消后,这一政策的影响也存在。战前不同阶层的收入差距到了战后已经大幅缩小。战争结束几年后,历史学家弗雷德里克·刘易斯·艾伦指出,按百分比计算,社会各阶层中收入最低的群体所获得的经济收益最大,这极大地缩小了社会贫富差距。

你如果回看 20 世纪 50 年代并追问:"到底是什么让人们觉得那个年代如此美好?"其中一个原因是,你与周围的人差距不大。

在那个时代，人们很容易控制自己的预期，因为在你的社交圈中，没有谁的生活水平会超出你太多。

大多数美国人环顾四周，会觉得自己生活得不错，和周围的人相比，自己的一切并不逊色。

这是20世纪50年代与其他时代不同的地方。

即使那时的工资比现在低，人们也觉得生活不错，因为当时大家的工资都差不多。

房子小一点儿，人们依然觉得住得还可以，因为其他人也住在差不多大的房子里。

医疗服务不完善，人们可以接受，因为自己的邻居也面临同样的境况。

哥哥姐姐穿旧的衣服弟弟妹妹接着穿，因为其他家庭也是这样。

外出露营就算度过了一个不错的假期，因为其他人的假期大同小异。

那个年代不会有太多的社会压力让预期发生改变，让预期超出收入。经济增长直接带来了幸福感。人们的日子过得不错，重要的是，他们感觉自己的日子过得不错。

当然，这个时期持续时间不长。

20世纪80年代初，社会和谐逐渐消失，取而代之的是等级分化，大部分人的生活步履维艰，只有少数人的财富急剧增长，而少数人光鲜亮丽的生活导致许多人的预期开始膨胀。

洛克菲勒从未渴望得到布洛芬镇痛药，因为他根本不知道有这个药。但是，如今的社交媒体增加了一个新视角，世界上的每个人都能通过社交媒体看到其他人的生活方式——当然都是经过夸大、加工或美化了的。当你将自己的生活与同龄人比较时，其实你看到的是对方生活中的高光时刻，积极的一面被放大，消极的一面被隐藏起来。心理学家乔纳森·海特说，在社交媒体上，与其说人们在交流，不如说是在为彼此表演。你看到别人开豪车、住豪宅、上贵族学校，相比几十年前的人，你更有可能说：他们所拥有的我为什么没有？他们能得到我为什么得不到？

当今的经济模式创造了三样东西：拥有财富，炫耀财富，妒忌别人的财富。

近几十年来，环顾四周，我们更容易说："也许我比过去拥有了更多财富，但与他人相比，我觉得自己过得并不如意。"

这种嫉妒心理并非毫无用处。"别人有，我也要有"的攀比心态是推动个人进步的强大动力。

然而，问题的症结在于：我们可能会拥有更高的收入、更多的财富和更大的房子，但这一切很快就会被膨胀的预期吞噬。

这并不是说 20 世纪 50 年代更美好、更公平，也不是说我们应该努力重建那个旧体制，那不是我们讨论的话题。

在这里，我们是想通过人们对 20 世纪 50 年代的怀旧情结有力地说明：如果预期的膨胀速度远远超过现实境况的改善速度，人们的幸福感就会大大降低。

生活的很多方面都证明，这个法则过去、现在、将来始终适用。大部分人都有攀比心理。

这也说明，要想过上幸福的生活，管理预期是多么重要！

这种与我们的直觉不符的例子不胜枚举。

演员威尔·史密斯在他的自传中写道：[13]

- 一举成名，激动人心。
- 成名之后，喜忧参半。
- 光环褪去，痛苦万分。

名气的大小无关紧要，关键是落差。当一个人从籍籍无名到小有名气，他对生活的预期与现实状况会瞬间拉开差距。同理，从声名在外到无人问津，也会出现落差。但是，成名的本质不过是满足了人们的预期。

日本网球运动员大坂直美曾说，在她的职业生涯中，赢得一场比赛并不会给她带来任何快乐，而更像是一种解脱。[14]

美国总统哈里·杜鲁门在前半生经营过商店、农场、锌矿场和炼油厂，均以失败告终，从政后当参议员也遭受密苏里当地商人的操控。当年富兰克林·罗斯福总统突然离世，杜鲁门接任总统，批评的声音不绝于耳。《华盛顿邮报》写道："在这个严峻的时刻，我们必须坦诚地指出，杜鲁门先生的从政经验与他临危受命所承担重任的要求存在巨大的差距。"[15]著名历史学家大卫·麦卡洛曾写道:"对许多人来说,罗斯福去世不仅仅是伟人倒下了,更主要的是他的继任者资质平平或者饱受质疑。"但如今,在历史学家眼中,杜鲁门一直是美国历史上十大总统之一,甚至经常位列罗斯福之前。

在我看来,部分原因是人们之前对杜鲁门的预期很低,这使他在任期间展现出的任何领导才能都让人刮目相看。在公众眼里,他的小成绩就是大成果,大成功则是奇迹。

在这些案例中,现实对人们的情绪并没有很大影响,造成影响的是预期与现实之间的巨大差距。

想想这些案例,你会意识到预期的力量有多强大。它会让名人感到痛苦,也会让穷人感到振奋。多么神奇!每个人,无论在什么地方做什么事情,都是在努力将自己的预期变为现实。

但这一点很容易被忽视。

电连接器配件公司Glenair首席执行官彼得·考夫曼非常睿智,他曾写道:

我们会采取一切防范措施来保护自己的物质财富,因为我们知道它的珍贵。但与此同时,一些更珍贵的东西,由于没有明码标价,反倒经常被我们忽视。像我们的视力、人际关系和自由,这些无价的财富由于不能被买卖,而被我们等闲视之。

我们的预期也是如此——很容易被忽视,因为它没有被明码标价。

但是，预期决定了你的幸福。

预期决定了你的上司对你工作的评价。

预期决定了消费者的信心。

预期决定了股市的走势。

那么，我们为什么很少关注预期呢？

我们花了很多精力来增加收入，提高技能，提升预测未来的能力，这些都是值得关注的事情。但另一方面，我们可以说完全忽视了自己的预期，尤其没有意识到，我们在努力改善境况的同时，也应该精心管理我们的预期。

想象一下，你生活中的一切都在向好的方面发展，但由于你的预期不断提高，你没有从拥有的一切中感受到幸福。这很可怕，因为这如同世界未曾进步。

98岁高龄的查理·芒格曾被问及："您看起来非常开心和满足，您生活幸福的秘诀是什么？"[16] 他回答说：

生活幸福的第一法则是降低预期。如果总是抱有不切实际的预期，你注定一生都会痛苦。我们的预期要合理，对好的或坏的结果都要泰然接受。

我的朋友布伦特对婚姻有一个相似的理论：只有夫妻二人都愿意为对方付出而不求回报，婚姻才会美满。如果两个人都不求回报，双方就会有意想不到的惊喜。

这些建议说起来容易做起来难。我认为，高预期和强动力不容易被区分。降低预期有时看上去就像放弃努力或者压制潜能。

唯一的办法可能是你需要做到以下两点。

第一点是不断提醒自己，财富和幸福是一个等式，一边是你所拥有的，一边是你所期望或需要的。等式两边同等重要，只顾积累财富而不控制预期将毫无意义，尤其是因为控制预期相对容易做到。

第二点是要了解预期的规律。预期是一种心理游戏，它常常让人痛苦，让人疯狂，但没有人能摆脱，所以我们应该了解这一游戏的规则和策略。我们通常认为，为了自己和世界，我们要努力追求上进。但是大多数时候，这都不是我们真正想要的。我们真正想要的，其实是感受现实和预期之间的差距。因此，等式中的预期一端不仅很重要，而且相较于改变现状，更能被我们掌控。

在下一章，我们将讨论世界上最复杂的话题之一：人类的心智。

疯狂的天才

一些特立独行的异类，
既让人爱，又让人恨。

在 2021 年东京奥运会上，全球最出色的马拉松运动员埃鲁德·基普乔格第二次夺得奥运冠军。比赛结束后，他和比利时的巴希尔·阿卜迪、荷兰的阿卜迪·拿塞这两位选手被一起安排在休息室等候领奖。[1]

根据颁奖典礼会务的安排，他们需要等候几个小时，而休息室狭窄而沉闷，几乎什么都做不了。阿卜迪和拿塞后来回忆说，他们当时和大部分人一样掏出手机，连上 Wi-Fi 刷起了社交媒体。

但基普乔格没有玩手机。

阿卜迪和拿塞说，基普乔格坐在那里，凝视着墙壁，一言不发，心满意足。

就这样持续了好几个小时。

"他简直不是人。"阿卜迪开玩笑说。

说基普乔格"不是人",是说他的思维、言谈举止都和普通人不一样。

类似的说法可以用来描述很多我们崇拜的人生偶像。我们钦佩他们,因为他们能够做出一些常人想不到或者理解不了的事情。

他们具有一些非常可贵的品质,令我们敬仰,值得我们学习。

但是,在有些方面,甚至在很多方面,他们未必如此。

人生来如此——世界上一些特立独行的异类,往往既让人爱,又让人恨。

这一点很容易被忽视。因此,我们时常不能很好地判断哪些人可以做我们的偶像,以及我们应当从成功人士那里学习什么。

关键问题是,我们需要全面看待特立独行的人。他们身上有我们钦佩的优点,也可能有我们鄙视的缺点。

让我来分享一个小故事,故事中的主人公是一名战斗机飞行员,人人都离不开他,但人人都受不了他。

———

约翰·博伊德可能是有史以来最伟大的战斗机飞行员。[2]

他在空中作战领域的革新可谓前无古人,后无来者。他所撰写的手册《空战攻击研究》(*Aerial Attack Study*) 将大量数学知识融入空战战术，就像工程师把数学知识用于制造飞机。

博伊德的战术思想简单而深刻。比如，他认为飞机的战略优势不在于飞行速度或高度，而在于改变线路的速度和爬升的速度。这一发现不仅改变了战斗机飞行员的思维，也影响了飞机的设计制造。他是卓越的战斗机飞行员和空战理论家。他20多岁写的那本空战手册成了战斗飞行领域的官方战术指南，沿用至今。

博伊德被誉为军事史上最有影响力的战略家之一。[3] 然而《纽约时报》却曾评价他不是"一个正常人……即使在空军中也是如此"。

这是因为，博伊德虽然非常聪明，但也是个疯子。

他粗鲁、古怪、叛逆、狂躁，他对上级大吼大叫的样子令同僚震惊。他曾经因取暖条件差而点燃飞机库，差点儿被送上军事法庭。一次在开会的时候，他啃下于上的老茧，然后隔着桌子吐到了别人的脸上。

空军上下都极为欣赏且需要博伊德的真知灼见，但他们又无法忍受他的为人。

博伊德与众不同，因为他对飞机的思考视角与其他飞行员完全不同，好像他使用了与常人不同的大脑区域，玩着和其他人不同的游戏。

正是这样的个性导致他漠视各种规章制度。正因如此，在同一份评价报告中，他的上级既对他的贡献赞不绝口，又试图阻止他晋升。

其中一份文件写道："这位杰出的年轻军官富有独创性的思

想。"[4] 接下来又写道："他是一个情绪激动、缺乏耐心的人，不愿意接受严密的监督。他无法容忍别人对他的计划提出批评意见。"就在博伊德撰写战斗机战术的奠基之作期间，两名上校否决了他的晋升。

当然，博伊德最终还是获得了晋升，因为他太有天赋了。然而，在他的整个职业生涯中，大家都对他束手无策，很多人对他的行为感到愤怒。他在各方面都特立独行，既才华横溢，又招人厌烦，甚至偶尔还会突破法律底线。

———

1936年，经济学家约翰·梅纳德·凯恩斯在拍卖会上拍下了一批艾萨克·牛顿的手稿。

其中很多内容都是第一次被公之于众。之前的数百年里，这些手稿一直被存放在剑桥大学。

牛顿可能是有史以来最聪明的人。然而，凯恩斯惊讶地发现，他花了很多时间来研究炼金术、巫术，他还研制长生不老药。

凯恩斯写道：

我浏览了这些手稿，至少有10万字。毫无疑问很多都是巫术方面的内容，完全没有科学价值；牛顿显然在这些工作上花费了多年时间。[5]

我在思考，我们能不能因为牛顿沉迷于巫术，就否认他超人的才华？有没有可能，正是由于他对巫术这类不可思议的事情充满好奇，才造就了他惊人的成就？

答案我们不得而知，但是几乎可以肯定的是，天才有时看起来就是十足的疯子。

我们再来看二战时期的传奇人物乔治·巴顿将军。电影《巴顿将军》中有这样一个场景：巴顿在战后与苏联将领会面，后者通过翻译提议向巴顿敬酒。[6]

巴顿说："我向将军致意，但请告诉他，我根本不想和他或者任何苏联浑蛋喝酒。"

翻译大惊失色，表示自己无法传达这个意思。巴顿坚持让她翻译。

苏联将军回应说，他认为巴顿也是个浑蛋。

巴顿大笑起来，举起酒杯说："现在可以敬酒了，我们两个浑蛋互相敬酒！"

这个例子或许能完美地诠释什么才是旷世奇才。他们的行事风格异于常人，这正是他们成功的原因！我们不能假定，在这个世界上，所有异于常人的特征都一定是积极向上、讨人喜爱或魅力无限的。

我一直以来都坚信一个定律：一个人如果在某方面天赋异禀，那么必然会在另一方面异常糟糕。这就好像人的大脑承载知识和情绪的容量有限，一项超常技能势必会挤占他其他能力的空间，例子比比皆是。

再以埃隆·马斯克为例。

一个 32 岁的年轻人认为自己可以同时抗衡通用汽车、福特汽车和美国国家航空航天局,这是什么样的人?一个彻头彻尾的疯子!在这类人眼中,世俗常规对他们并不适用,他们不是自负,而是真的对自己有着无比坚定的信心。这种人当然也不会在乎世俗的繁文缛节——比如在社交平台上的发言是否得体。

既然能为移民火星不惜投入个人的巨额财富,他必定不会介意自己的放肆言论可能带来负面影响;既然为了使火星适合人类居住他提议用核弹改造火星大气层[7],他一定敢于打破常规。

既然他认为人类有 99.9999% 的可能是计算机模拟出来的结果[8],他一定不担心向股东做出的承诺能否兑现。

马斯克在 2018 年短短几个月内就做出了多项壮举,先是成功地在临时帐篷里重建特斯拉 Model 3 装配线,接着慷慨资助营救被困在洞穴中的泰国少年足球队,随后又出资解决密歇根州弗林特市的饮用水危机。有如此惊人的能力,他怎么会为公司几名律师从推特离职而惊慌失措呢?

人们喜欢马斯克富有远见卓识的一面,但又希望他没有传言中"不在意客户感受"的负面形象。在我看来,这是一个人的个性中难以分割的两个方面,是权衡利弊的结果。

约翰·博伊德如此。

史蒂夫·乔布斯如此。他既是天才,也是独裁老板。

沃尔特·迪士尼也如此。在成就丰功伟业之前,他早年怀揣雄心壮志创办多家公司,但几度处在破产边缘。

当年，美国前国家安全顾问麦乔治·邦迪曾对约翰·肯尼迪总统说，登月是一个疯狂的想法。肯尼迪回答："如果没有一定的胆识，我就不可能才 40 多岁就去竞选总统。"

我们要意识到，要想取得不可思议的成功，势必承担同等巨大的风险。

什么样的人会成为企业领袖？什么样的人会成为国家领导人？

答案是那些信念坚定、乐观豁达、不达目的誓不罢休，而且对自己的能力深信不疑的人。

什么样的人容易走极端、不自量力、盲目自信、无视风险？

答案同样是那些信念坚定、乐观豁达、不达目的誓不罢休，而且对自己的能力深信不疑的人。

均值回归法则在历史上不断得到验证，无论是经济、市场、国家、企业的运行，还是个人职业生涯的发展，都普遍受这个法则支配。其背后的机制是，同样的个人特质既能让人大获成功，也能让人陷入绝境。

对国家，尤其对帝国来说也是如此。如果一个国家的领导人要想通过拓展疆土实现扩张，那么他不可能说："好了，地盘够大了。我们要对已经打下的江山心满意足，应该停止侵略别国。"相反，这些领导人只会继续扩张领土，直至遇到势均力敌的对手。小说家斯蒂芬·茨威格说过："历史告诉我们，所有的征服者都贪得无厌。"也就是说，没有一个征服者会在得偿所愿后选择功成身退。

在一定意义上，这个话题让我们更好地了解，我们应该敬仰什么样的人，尤其是我们应该效仿并成为什么样的人。硅谷天使投资人纳瓦尔·拉维坎特曾写道：

有一天我意识到，对那些我们心怀嫉妒的人，我们不能只看到他们生活中的某一面。不能说，我想要这个人的身材，想要那个人的财富，还要另外一个人的性格。我们必须全然接受对方的一切。但是，你真的愿意成为和他一模一样的人，拥有他全部的行为方式、欲望、家庭、幸福感、人生观和自我认知吗？如果你不愿意与他进行百分之百的交换，那就没必要嫉妒别人。[9]

因此，我们要么希望活成别人的样子，要么不希望活成别人的样子。两种愿望具有同样的价值，所以在选择人生偶像时，我们需要想清楚。

"你要挑战所有的假设。"约翰·博伊德说过，"如果不这样做，规矩一旦设定，就会成为永恒的教条。"

好与坏是一体两面，这是需要你一直铭记的人生哲学。

接下来，我们来聊聊人们的数学为什么那么糟糕。

神奇的概率

我们追求的不是准确性，而是确定性。

这个世界的问题在于，聪明人充满疑惑，而傻子自信满满。

——伯特兰·罗素

有一次，美国知名喜剧演员杰瑞·宋飞与吉米·法伦一起驾车兜风。

他们开的是辆老款轿车，产于 20 世纪 50 年代。

"这辆车没配安全气囊，你不担心吗？"法伦问。

"有什么可担心的！"宋飞说，"人一生用得上几次安全气囊？"

这当然是在说笑，但这个例子很好地说明，人们对概率和不确定性的问题缺乏理性思考。

为了帮助学生思考这个问题，斯坦福大学的罗纳德·霍华德教授要求学生在考试答案旁边估算出答题正确的概率。

学生如果百分之百确信自己的答案是正确的，但实际上是错误的，那就没有通过整个测试。

学生如果对自己的答案信心为零，但答案碰巧是正确的，那也不能得分。

如果估算在 0 至 100% 之间，得分将按照学生的自信水平进行调整。

在我看来，这种方法很好地诠释了生活中的概率思维。这种令人心惊胆战的体验能让学生遭受当头棒喝：在充满未知的世界中，追求确定性将会面临什么样的后果。

身处变化无常的世界，却强烈渴望获得确定性，这是人类行为的共性。

处理风险与未知背后的数学问题很难，人们为了解决这个问题付出了不懈努力，但是始终难有突破。造化弄人——有些看起来会发生的事情结果没有发生，而有些看似不太可能的事情最终却意外成真。

——

电影《猎杀本·拉登》[2]中有这样一幕：美国中央情报局局长质问一群情报分析师，是否已经锁定了本·拉登的藏身位置。

他说:"我向总统报告本·拉登的下落必须十分明确。你们不要废话,只告诉我,他究竟在不在那里?"

小组负责人称,本·拉登有60%~80%的可能性在那栋建筑里。

"到底在还是不在?"局长追问。

大多数人都清楚,确定性事件十分罕见,人只能基于最大可能性尽力做决定。大家都明白,聪明人也可能会犯错,傻瓜也有判断正确的时候——这就是运气与风险。

但在现实生活中,尤其是在评判他人成就的时候,很少有人真的会运用概率思维。

多数人最关心的是:"对还是错?""是还是否?"

概率会随着微妙的变化而改变,而在现实生活中,人们只在意非黑即白的结果。

如果你曾预测一件事情要发生,而它确实发生了,你就是对的。如果这件事最终并未发生,你就是错的。这就是人们的思维方式,因为这样想问题最简单省事。对于现实世界中已经出现的一个结果,你很难向自己和他人解释清楚,为什么不是另一种结果。

问题的关键是,对于未来的预期,人们追求的不是准确性,而是确定性。

人们想要摆脱未知带来的痛苦,这很正常。如果有人告诉你,未来有60%的概率会发生经济衰退,这不仅对减轻你的痛苦毫无帮助,还可能雪上加霜。但如果有人说"今年将会发生经济衰退",这时你就像抓住了救命稻草,感觉你可以掌控自己的未来。

在刺杀本·拉登的行动过后,时任美国总统奥巴马解释说,当时本·拉登在那栋房子里的概率仅有五成。[3] 几年前,我在一次会议上听一位参战的海豹突击队队员说,不管本·拉登是否在那栋房子里,队员们感觉他们全员牺牲的概率也是五成。这次突击行动发生意外甚至溃败的概率其实非常高。

当然,那个可怕的后果万幸没有发生!但这个例子说明,很多人对事情产生意外结果的可能性不够关心。

实际上,人们极少关心这个问题。

概率和不确定性对我们来说是一个难以理解的问题。

————

与此相关且同样重要的另一个问题是,我们很容易低估黑天鹅事件发生的概率。

诺贝尔经济学奖获得者丹尼尔·卡尼曼曾说:"人类无法理解极大或极小的数字,承认这一事实会对我们大有助益。"[4]

1986年,新泽西州居民伊芙琳·玛丽·亚当斯买彩票中了390万美元。[5] 4个月后,她再次中奖,奖金是140万美元。

在接受《纽约时报》采访时她说:"我不会再买彩票了,我想把机会留给其他人。"

这个新闻轰动一时,因为经数据测算,连续两次中奖的概率仅为十七万亿分之一，真是令人难以置信！

3年后，佩尔西·戴康尼斯与弗雷德里克·莫斯特勒两位数学家给这件事泼了盆冷水。

如果仅有一个人买彩票，那连续两次中奖的概率确实是十七万亿分之一。

但如果像美国一样，每周都有1亿人买彩票，某个人连续中奖两次的概率是相当大的，据两位数学家推算，约为1/30。[6]

这个数字并没有引起太多关注。

莫斯特勒说："只要样本量够大，任何离谱的事情都有可能发生。"

这就可以解释为何世界看似不可思议，为何黑天鹅事件时常发生。

地球上约有80亿居民。如果一件事每天发生的概率为百万分之一，那每天就会发生在8 000人身上，一年会发生290万次，你的一生中大概会发生2.5亿次。即使是10亿分之一的事件，在你一生中，大概也有数十万人会经历。因为媒体总是热衷于制造爆炸性头条新闻，所以当这些事情发生时，你几乎百分之百会听到相关报道。

物理学家弗里曼·戴森曾解释说，人们所理解的超自然事件、魔法和奇迹，实际上只是最基本的数学问题。

普通人在生活中大概一个月就能碰上一次奇迹。要证明这个规律非常简单：一个人每天不睡觉、不工作的时间约为8小时，每一秒我们都能看到或听到各种奇迹发生。因此,每天发生在我们身边的奇迹就有约 3 万件,一个月就是 100 万件。[7]

如果"奇迹"发生的概率为百万分之一,那一个人平均每个月就能亲历一次"奇迹"。

枯燥的统计数据解释了为什么会发生不可思议的事情。这种解释非常重要,因为道理同样适用于理解灾难性事件。

想想那些百年一遇的不幸事件,例如洪水、飓风、地震、金融危机、诈骗、瘟疫、政坛危机、经济衰退等等。历史上很多类似的灾祸都称得上百年一遇。

百年一遇的事件并不是说一百年才会发生一次,而是每年都有 1% 的概率发生。这看似很低,但如果我们同时统计数百个不同的"百年一遇"事件,某个事件在一年中发生的概率又有多大呢?

相当大。

倘若明年发生灾难性大流行病的概率为 1%,发生经济萧条的概率为 1%,发生大洪灾的概率为 1%,发生政局动荡的概率也为 1%……那么明年,或者说任何一年,坏事发生的概率其实都挺高的。

事实上情况历来如此。即使是人们印象中美好的岁月,也充斥着混乱与不堪。看似辉煌的 20 世纪 50 年代也经历了持续的低潮期,经人口增长数据调整后,1958 年经济衰退期间的失业率超过了 2008 年经济衰退期间任何一个月的失业率。20 世纪 90 年代的情况也类似,在人们的印象中,那是稳定发展的10年。但是,就在我们见过的最繁荣的时期,全球金融体系在1998年却几近崩溃。

如今,随着全球经济规模的扩大,一些奇人奇事发生的概率随之增加。在80亿人相互交往的过程中,每一天都可能出现一个天才、骗子、恐怖分子、白痴、学者、浑蛋或梦想家,以一种非同寻常的方式改变世界。

自人类诞生起,约有1 000亿人曾生活在地球上。假设他们的平均寿命是30岁,整个人类就生活过1 200万亿天了。就算发生奇人奇事的概率仅有十亿分之一,那也有数百万次了。

如今,这种现象要比以往任何时候都更明显,而且很有可能会继续扩大。

历史学家弗雷德里克·刘易斯·艾伦曾这样描述1900年美国人是如何获取信息的:

我们今天很难想象,当时不同地区的人之间是多么隔绝……在一定程度上,缅因州的渔民、俄亥俄州的农民和芝加哥的商人可以谈论政治,但由于当时还没有全国性的报纸专栏,他们的信息来源主要基于各自阅读的差异极大的本地报纸。[8]

那时,信息很难被远距离传播,人们不是特别关心其他地方或其他国家发生的事情。生活在本地,相关信息都是本地的。

广播的出现极大地改变了这样的状况,共同的信息来源把大家联结在一起。

电视促进了受众之间的联系。

互联网的普及让信息传播达到了新高度。

社交媒体则让我们进入了信息大爆炸的时代。

数字新闻的出现使得地方报纸难以为继，同时使信息传播全球化。2004年至2017年，美国有1 800家印刷媒体机构消失在大众的视野中。[9]

地方性新闻的衰落带来许多影响，例如，新闻传播范围越广，刊载悲观新闻的可能性就越大，而这一影响尚未引起广泛关注。

造成这一局面的因素有两个：

- 好事不出门，坏事传千里。相较于乐观情绪，悲观情绪更引人关注，更让人有紧迫感。
- 我们身边发生诈骗、腐败或灾难性事件等负面新闻的概率通常很低。但放眼全国，其概率大大增加。放眼全世界，在某一时刻负面事件的发生概率就是百分之百。

说得夸张一点儿：地方新闻乐于报道垒球比赛之类的趣事，全球性新闻则习惯于报道飞机失事、种族灭绝等耸人听闻的坏消息。

研究人员曾对一段时期内的新闻情绪进行研究，发现在过去的60年里，世界各地新闻媒体的负面报道不断增多。[10]

我们将如今的情况与过去比较一下。"弗雷德里克·刘易斯·艾伦如此描述1900年的生活状况：

与他们的后代相比，大多数生活在1900年的美国人很少因经济、政治以及国际局势而感到惶恐不安，因为这些事情超越了个人能力的范畴。人们的视野局限于身边的事情。

1900年，人们的视野局限于身边的事情。但是在现代社会，人们关注每个国家、每种文化、每个政体和经济体。

这确实带来了很多好处。

但是，这也让人们感到近些年来全球处于一种前所未有的崩溃状态，而且这种趋势将持续下去——对此我们无须惊讶。事实并非如此，只是我们现在看到的坏事比过去更多而已。

世界上平均每10年就会发生一次重大变故，过去如此，将来也如此。对此，人们有时觉得是运气不好，或者这类坏消息特别容易受关注。但更多时候，人们对世事变迁的感受仅仅是个概率问题。万事万物都可能发生差错，总有某件事在某个时刻会造成极其严重的影响。今天，信息高度发达，对于坏消息我们当然会有所耳闻。

═══

有几件事需要牢记。

我们追求的不是准确性,而是确定性。

人们预测事件发生的概率,很大程度上是想摆脱无法预知未来的痛苦。当意识到提供有用的数据不如安抚情绪更有吸引力时,你就会明白为什么人们很少思考概率。

20世纪90年代,投资家查理·芒格曾做过一次题为"人类误判心理学"的演讲。[12]他列举了25种导致错误决策的偏见,其中之一就是他描述的"避免怀疑倾向":

人的大脑本能地倾向于迅速做出决定从而打消疑虑。

不难理解,在漫长的进化过程中,动物逐渐适应了这种快速打消疑虑的方式。毕竟对受到生命威胁需要求生的动物来说,花费很长时间进行思考和决策有百害而无一利。

菲利普·泰特洛克教授在其学术生涯中致力于研究各行各业的专家,其中包括那些自命不凡的专家。[13]他的一项重要发现是,许多专家在预测政治和经济前景时,表现都十分糟糕。有鉴于此,人们会选择不再相信专家吗?"绝对不会,"泰特洛克曾说,"我们需要相信我们的世界是可预测、可掌控的,所以我们求助于权威人士来满足我们的需求。"

尽管过去的预测并不成功,但这不会影响我们预测未来的愿望。确定性至关重要,人们永远不会放弃对它的追求。如果未来毫无确定性,很多人可能早上连床都不敢下。

获得足以预测未来的样本量需要很长时间，因此我们只能猜测。

假设你是一位 75 岁的经济学家，你在 25 岁时已开启自己的职业生涯，那么你有半个世纪的经验帮助自己预测未来的经济走势。随着经验的积累，你会成为一名专家。

但过去的 50 年发生了几次经济衰退呢？[14]

7 次。

所以，在你半个世纪的职业生涯中，仅有 7 次经济衰退来验证你的预测能力。

要真正评判一个人的预测能力，往往需要将其数十次乃至成百上千次的预测与现实进行比较，但很多领域不会给你那么多验证的机会。这不是任何人的错，只是现实世界比理想化的预测图表要复杂得多。

这是个怪圈。如果有人说有 80% 的概率会发生经济衰退，要验证他们是否正确，唯一的方法是让他们做几十或几百次同样的判断，看其正确率是不是 80%。

如果没有经过几十次、几百次的预测实验，而只是一两次说对了，不管有人说发生经济衰退的概率是 75% 还是 32%，我们怎么能知道他们是否正确呢？最后，我们只能靠猜测，或者选择相信那些自称胜算大的人。

当风险带来痛苦的后果时，我们很难分清是运气不好还是鲁莽

所致。即使概率显而易见，也会被我们抛至脑后。

上大学时，我曾在一家酒店代客泊车，我们的团队每月要帮停上万辆车，每月总会有一辆被剐蹭，这很正常。

管理层认为这是无法容忍的，每隔几个星期就会训斥我们一顿。

然而，停 1 万次车发生一次事故已经是很不错的表现了。你如果每天开两次车，14 年才能停车 1 万次。14 年才有一次小剐蹭，这个纪录可能你的保险公司都不会相信。

我们老板提交了太多车损报告，甚至都能叫出保险理赔员的名字了。在这种情况下，我们给老板解释，也得不到谅解。他们脱口而出就是那句话："你们停车真是太鲁莽了！以后动作慢点儿！否则我就炒你们鱿鱼。"

生活中同样的事情比比皆是。就拿股票市场来说，你可以向人们解释，历史上每 5 到 7 年股市就会崩溃一次。但是每次到了崩盘的时候，人们还是会说："我早感到不太对劲，就觉得要崩盘，我的投资顾问可把我坑惨了！"当某件事情真正造成伤害时，原来所做的大概率预测就失去了意义。于是，我们就把概率抛至脑后。

人们总想避免一些灾难性的风险。飞行 1 万次的飞行员如果有一次失事，那就是大灾难。但是，如果不懂得计算概率和处理庞大的数字，我们就不能应对一些十分常见又不可避免的风险。

这是一个永恒不变的法则。

在下一章，我们来了解马丁·路德·金著名演讲背后鲜为人知的逸事，并了解好故事的神奇力量。

好故事永远能胜出

故事比数据更有力。

好故事永远能胜出。

再伟大、正确、睿智的思想，都不比不上一个好故事。那些扣人心弦的、能引起共鸣的故事常常给人带来丰厚的回报。

伟大的思想如果没有被阐述清楚，也许就会无果而终；陈腐或错误的思想经过煽风点火，也有可能兴风作浪。实力派演员摩根·弗里曼介绍一张购物清单也能让观众潸然泪下，而医学专家纵有回春之术，如果不善言辞，也无法让听者动容。

世上的信息纷繁杂乱，我们很难冷静地做出筛选，找到最合理、最正确的答案。人们大都很忙碌、很感性，因此，讲一个好故事比引用冰冷的数据更吸引人，更有说服力。

与别人交流，即使言之有理，你也不一定能赢得听众。

即使失之偏颇，但会讲故事，你也很有可能瞬间抓住听众的注意力。

如果言之有理，又会讲故事，那么你必定能赢得听众。

这个道理过去讲得通，将来也讲得通。纵观历史，许多领域的例子都能证明这一点。

1963 年 8 月 28 日，马丁·路德·金在华盛顿林肯纪念堂前发表了著名的演讲《我有一个梦想》，但是一切并非完全按照计划进行。

此前，他的顾问克拉伦斯·琼斯根据两人"讨论过的要点"，为他起草了一篇完整的演讲稿。[1]

在前几分钟，马丁·路德·金确实是按照演讲稿上的内容进行演讲的。[2]影像记录显示，他不断低头看文稿，逐字逐句地朗读。"让我们回到佐治亚，回到路易斯安那，回到北方城市的贫民窟和少数族裔居住区，我们知道，总有一天这种情况能够改变，也必将改变。"

演讲进行到大约一半的时候，站在他左边约 3 米开外的福音歌手马哈丽亚·杰克逊大声喊道："告诉大家你的梦想，马丁！告诉大家你的梦想！"[3]

后来琼斯回忆："（金）马上望向她，接着将演讲稿推到讲台左侧,双手抓住讲台,望向台下的 25 万听众。"

停顿 6 秒钟后,金仰望着天空[4],然后说道:

我有一个梦想,一个深深根植于美国梦的梦想。

我梦想有一天,这个国家能站起来,真正实现其立国信条的真谛:"我们相信这些真理不言而喻,人人生而平等。"

我梦想有一天,我的 4 个孩子生活在一个不以肤色而以品格优劣来评判他们的国度。

我今天有一个梦想!

接下来的部分成了具有历史意义的演讲。

琼斯说:"这段即兴演讲竟然成了美国乃至全世界最著名的演讲。"

这段即兴演讲没有事先经过马丁·路德·金与他的撰稿人精心准备。

然而,这却成了有史以来最精彩的故事之一,它打动了无数心灵,激发了人们的情感,也因此推动了历史的变革。

好故事就是有这样的力量,能极大地鼓舞人心,启发心智。过去人们只是陈述事实,无法引起共鸣,但是如果讲好故事,那就可以引发关注和洞察。

马克·吐温或许是现代最会讲故事的人。[5]他在修改作品时,会大声朗读给妻子和孩子们听。如果某个章节让他们感到无聊,他会将其删掉。如果某些内容让他们睁大眼睛,身子前倾或者眉头紧锁，他就知道这一部分很有意思，于是会精益求精地修改。

即使是一个好故事，极具感染力的措辞或语句也至关重要。有句话说得好，人们不会记住整本书，但会记住精彩的句子。

人类学家C.R.霍尔派克曾为一名年轻学者的人类史新书写过一篇书评。[6] 其中写道：

公平地说，作者引证的一些事实大致正确，但没有新意，而每当试图提出新的观点时，他往往会出错，有时甚至会严重出错……（本书的）学术贡献有限。

关于此事，有两点值得一提。

一是霍尔派克所说的年轻学者是尤瓦尔·赫拉利，他后来成了最受欢迎的当代学者之一，到目前为止，其著作已售出2 800万册。霍尔派克所评价的那本书是赫拉利的《人类简史》，是有史以来最成功的人类学著作。

二是赫拉利本人似乎并不否认霍尔派克的评价。

赫拉利有一次谈到《人类简史》的创作时说：

我想："这很容易理解！"……书里并没有原创性知识。我不是考古学家，也不是灵长类动物学家，因此我的研究没有任何创新……我只是读取相关领域的常识性知识，并以一种新的方式将其呈现出来而已。[7]

《人类简史》一书的独到之处在于它好看，可以说是妙笔生花。其中的故事引人入胜，文笔流畅自如。赫拉利所写的内容尽管是人类已知的知识，但他却比以往任何人都写得好，因此他的名声超越前人也就不足为怪了。可见，好故事是制胜法宝。

赫拉利无须感到羞愧，因为许多成功的作品都是如此。

美国内战大概是美国历史记载最为详尽的时期。成千上万的著作从各种角度进行研究，几乎穷尽了每个细节。然而在1990年，肯·伯恩斯执导的纪录片《美国内战》横空出世，一举俘获了4 000万观众的心，包揽了40项主流电影电视奖项。[8]当年观看该片的人数甚至赶上了"超级碗"的观众人数。

实际上，伯恩斯所做的不过是将历史上130年积累的史料编织成了一个精彩绝伦的故事。这样的评价不是贬低，而是盛赞伯恩斯超强的讲故事能力。

伯恩斯曾说，纪录片中的配乐是他在讲故事的过程中最重要的一部分。他说：

我翻出一些古老的赞美诗和乐曲，让人用钢琴弹奏。每听到一首动人的曲子，我都会兴奋不已，然后就和录音师去工作室，录制大约30个不同版本的音乐。[9]

伯恩斯说，在创作纪录片剧本时，他会扩充句子以便与背景音乐的节拍相契合，有时也会分割句子，以求达到同样的效果。"音乐是影片的主宰。"他说，"音乐不仅仅是蛋糕上的糖霜，更是早已融入其中的乳脂软糖。"

如果你是一位世界知名的历史学家，数十年来你一直致力于发掘重要史料以求取得科研突破。你会花费精力让自己的文字符合音乐的韵律吗？可能不会。但肯·伯恩斯这样做了，也因此家喻户晓。

作家比尔·布莱森同样如此。他的书持续热销，让那些写同样题材的平庸作家心有不甘。他的著作《人体简史》从本质上说是本解剖学书，其中没有新知识，也没有新发现。然而，这本书写得太好了，故事讲得好，一出版就成了《纽约时报》畅销书和《华盛顿邮报》年度最佳图书。

这样的事例还有许许多多。

查尔斯·达尔文并非第一个发现进化论的人，他只是写出了关于进化论的第一部极具影响力的著作。

在股票估值方面，约翰·伯尔·威廉姆斯教授比本杰明·格雷厄姆的见解更深刻。然而，格雷厄姆下笔如有神助，因而成为投资界的传奇，他的著作销售量高达数百万册。

实业家、慈善家安德鲁·卡内基曾表示，他为自己的个人魅力和交际能力深感自豪，这些能力丝毫不逊色于他的商业头脑。埃隆·马斯克善于让投资人认同他所畅想的未来宏图，这丝毫不逊色于他在工程领域的能力。

大家都知道"泰坦尼克号"的沉没致使 1 500 多人丧生。

但几乎没有人提到 1948 年中国客轮"江亚轮"的沉没,罹难者达 3 000 余人。[10]

也很少有人提及 1987 年菲律宾大型渡轮"唐纳巴兹号"的沉没,造成 4 300 多人死亡。[11]

同样,很少有人提及 2002 年在冈比亚附近海域倾覆的"乔拉号",事故造成 1 863 人死亡。[12]

"泰坦尼克号"之所以引人注目,或许是因为它具有一些轰动效应的故事线索:邮轮上的乘客非富即贵,幸存者亲自描述,当然还有好莱坞经典电影推波助澜。

如果你认为世界被事实和客观性左右,因而会努力阐述伟大的思想、引用最大的数字、提供最优的答案,好故事产生的影响力会超出你的想象。赫拉利的著作被一些专家批评缺乏原创性,马斯克的言谈举止也备受质疑。

在理想世界中,信息的重要性不取决于作者的叙述能力。但在现实世界中,人们容易感到倦怠,缺乏耐心,情绪不稳。他们希望复杂的事物能以简单易懂的故事来表达。

如果仔细观察,你不难发现,产品、企业、职场、政坛、知识、教育、文化,无论哪个领域的信息传播,好故事永远能胜出。

在提到自己最畅销的物理学著作时,斯蒂芬·霍金说:"有人告诉我,我书中每写入一个方程式,书的销售额就会减少一半。"这说明,读者并不想听讲座,他们需要令人印象深刻的故事。

温斯顿·丘吉尔作为政治家充其量算资质平平。然而，他是一位讲故事的大师，极其擅长通过鼓励和煽动情绪来引起人们的关注，这让他在担任首相期间创造了非凡的成就。

再以股市为例。每家公司的估值就是公司今天的现值乘以公司明天的故事。一些公司极其善于通过讲故事创造价值，其描绘的企业前景在特定时期会让投资者心驰神往。你如果想弄清事情的未来走向，不仅需要了解技术层面的可能性，还需要了解众人对这些可能性的预期，因为它是预测过程中相当重要的部分。

喜剧演员最精通讲故事的艺术。他们深谙世事，因此是充满智慧的思想引领者，但是他们表演的目的是博大家一乐，而不是炫耀自己的聪明才智。他们从心理学、社会学、政治学以及其他各种枯燥的领域汲取真知灼见，然后提炼出精彩的故事。正因如此，他们的演出才会座无虚席，而社会行为专家的著作却可能无人问津。

马克·吐温说过："幽默是不用夸夸其谈，就能展现你的才华。"[13]

关于好故事，有几点需要记住：

谈论复杂话题时，故事就像杠杆。

使用杠杆撬动重物能让我们省力，达到"举重若轻"的效果。就像债务杠杆可以撬动资产一样，故事能撬动思想。

如果你用生硬的数据和公式来解释物理学等领域的问题，效果一定不会太好。但是，如果你能通过小球滚落斜坡相撞并产生摩擦的实验来解释火的产生这样的复杂现象，你就不需要太费力。物理学家理查德·费曼也是一位讲故事的高手，他就善于用生动的故事，深入浅出地讲解物理问题。[14]

故事不仅能帮助我们说服他人，也可以帮助我们成就自己。阿尔伯特·爱因斯坦天赋异禀，部分原因在于他拥有能将复杂原理转化为简单场景的创造力与想象力。[15]

在16岁时，他开始想象骑着一束光，就像乘着飞毯，还可以抓住光束的两侧，想象着光束如何前进和转弯。不久之后，他又开始想象，如果乘坐密闭的电梯穿梭于太空，身体会有怎样的感觉。他还通过想象保龄球和弹球在蹦床表面的运动来思考引力问题。他能在头脑中通过想象来处理一本教科书量级的信息。

肯·伯恩斯说过："普通的故事会讲一加一等于二。这我们都明白，也很有道理。但是好故事会讲一加一等于三。"这就是故事的杠杆效应。

最具说服力的故事是你愿意相信的事情，或是与你的亲身经历有关。

诗人拉尔夫·霍奇森精辟地总结道："有些事情只有相信了

才能看见。"一个证据即使不那么有力，但如果故事讲得足够好，刚好满足了人的期待或增强了他们的信念，也可能会令人信服。

好故事能让不同的人注意力集中在同一个点上。

史蒂文·斯皮尔伯格评论说：

对我来说，最有意思的事情是，每位观影者……会有自己独特的观影体验。现在，经过精心编排和精彩的故事叙述，你能够让观众在同一时刻拍手叫好，在同一时刻放声大笑，还能在同一时刻胆战心惊。[16]

马克·吐温曾说，有一天，德皇威廉二世称他读过自己的每一本书，同一天马克·吐温所住酒店的服务生也对他说了同样的话。那一刻，马克·吐温意识到自己是一位成功的作家。他说："伟大的著作像酒，但我的书却像水。然而，每个人都离不开水。"他的作品深深触动了大众的情感，无论他们身份如何，来自何方，读者都能在他的书中找到共鸣。这很神奇！

让不同的人注意力集中在同一个点上，是最强大的生活技能之一。

好故事能变不可能为可能。

有多少有价值的创意，如果得到更好的阐释，就可能实现百倍以上的增长？

又有多少产品，由于公司向客户宣传推广不当而致使市场潜力得不到充分开发？

不胜枚举！

维萨（VISA）创始人迪伊·霍克说过："看问题的新方式比做事的新方法能带来更大创新。"[17]

如果你认为每本新书都应表达原创观点，每家公司都必须售卖原创产品，你必定会大失所望。《人类简史》的作者尤瓦尔·赫拉利认为，关键不在于你说了什么或做了什么，而在于你是如何说的和如何呈现的。如果你也能这样看问题，相信你会获得更多机会。

值得我们审视的最重要的问题是：哪些人说的话有道理，但因表达不善而被我忽略了？哪些事情我信以为真，但实际上只是营销骗局？

这些问题听起来令人不安，也让人很难回答。但如果坦诚地审视自我，你就会发现很多人、很多信念都陷入了这种思维的泥潭。然后你会看到真相——好故事永远能胜出。

接下来，我要分享另一个永恒的真理：它与战争、健身、股市以及其他不可量化的疯狂事物有关。

不可量化

∞

世界由不可量化的力量驱动。

　　世界上有很多事情不符合情理——数据可能前后矛盾,分析可能漏洞百出。尽管不合理,但这样的事情屡见不鲜。人们常常违背理性,做出各种疯狂的决定和奇怪的行为。

　　大多数情况下,人们做决策并不是在电子表格里将几个数字简单相加就大功告成。做决策还需要考虑人的因素,而这一因素很难被量化和解释。它看起来往往和最初的目标联系不大,但实际上它的影响更大。

　　历史学家威尔·杜兰特说过:"逻辑是人类的发明,却被宇宙忽视。"[1]事实确实如此,如果期待世界的运转一直保持理性,你一定会大失所望。

试图把受情绪和激素支配的人的行为提炼为数学公式，给这个世界带来了太多沮丧和惊诧。

第二次世界大战结束后，福特汽车的经营状况十分糟糕。亨利·福特二世说，公司需要一个"奇才"。他能把企业经营当作依靠客观数据驱动的运筹学，于是聘用罗伯特·麦克纳马拉帮助公司扭转颓势。

后来，麦克纳马拉在越南战争期间担任美国国防部长，将这种数字化管理方式引入华盛顿。他要求对所有战事进行量化，按日、月、年绘制报表，对每一项能想到的统计数据进行追踪。

然而，在福特奏效的策略在被应用于国防部时却出现了一个明显的缺陷。五角大楼特种作战部门负责人爱德华·兰斯代尔看过麦克纳马拉的数据，指出有些东西缺失了。[2]

"什么东西？"麦克纳马拉问。

"越南人的感受。"兰斯代尔回答。

的确，你无法将越南人的感受简化为统计数据或图表。

这是指挥越南战争的一个核心问题。美国政府收到的作战数据，与战争中人们的真切感受可能完全不是一回事。

指挥美军的威斯特摩兰将军告诉弗里茨·霍林斯参议员："我们和对方目前的死亡比例是1∶10。"[3]霍林斯回答说："不在乎10，只关心1。"

据说越南领导人胡志明听说后说得更直白:"尽管你们杀害我方 10 个人,我们才消灭你们 1 个人,但先被拖垮的必定是你们。"

这种较量,很难用图表来呈现。

有些事情确实很难或者无法被量化,却极为重要。由于不可量化,人们往往低估这些因素的相关性,甚至否认其存在,但事实上,它们能够产生关键的影响。

芝加哥大学的一面墙上刻着英国科学家开尔文勋爵的名言:"如果你不会量化分析,那就说明你学识浅薄。"[4]

他说得不无道理,但如果有人认为一些因素因无法被量化而无关紧要,这样的观点就非常有害了。事实恰好相反,世界上有一些重要因素,尤其是与人的个性和观念相关的因素,几乎都无法被量化,也无法被预测。

亚马逊创始人杰夫·贝佐斯说过:"我发现,当统计数据解释不了一件事情时,事情一般没有问题,而是你量化的方式有问题。"[5]

我对这番话又爱又恨,我知道它说得对,但又希望它不是真的。让我们回顾历史,体会其中的智慧。

二战中的突出部战役是美国有史以来伤亡最惨重的战役之一。1944 年 12 月,纳粹德国孤注一掷对盟军发动了最后的进攻,在一个多月的时间里,1.9 万名美国士兵阵亡,7 万名士兵受伤或失踪。

伤亡如此惨重,部分原因在于美军措手不及;而美军措手不及,又是由于美军将领"理性地"认为,德国人根本没有理由发动进攻。

德军没有足够的兵力反攻，他们所剩无几的士兵大多未满 18 岁，也没有战斗经验。而且，德军已经燃料匮乏，存粮不足。交战地区比利时阿登森林的地形对他们也极为不利，天气条件还十分恶劣。

盟军对这一切了如指掌。他们推断，德军指挥官但凡有些理性思维，就不可能发动反攻。因此，美军兵力部署薄弱，补给有限。

然而意想不到的是，伴着隆隆的炮声，德军竟然发起了反攻。

美军将领没想到，此时希特勒已经丧心病狂，失去理智，沉浸在自己的世界里，分不清幻想和现实。德国将领问他如何获得充足的燃料以保障反攻，希特勒叫他们从美国人那里偷。他已经把德军的不利局面完全抛在脑后。

历史学家斯蒂芬·安布罗斯指出，1944 年末，盟军司令艾森豪威尔和奥马尔·布拉德利将军在战争布局上表现出了良好的逻辑推理能力，但就是没有料到希特勒会疯狂反扑。

战争期间，布拉德利将军的一位助手当时曾断言："如果我们的对手是正常人，他们早就应该投降了。"[6] 但德军不是正常人，他们这一奇招很难用逻辑去预估。这一点比什么都重要。

英国生理学家阿奇博尔德·希尔每天早上 7 点 15 分会准时

在跑道上跑步。他非常擅长跑步，是一名优秀的运动员、竞技跑者。

希尔出生于1886年，是一位在多个学科颇有建树的杰出科学家。[7]在职业生涯的大部分时间，他专心研究一个自己最感兴趣的问题——人类能跑多快、跑多远？他甚至在自己身上做起了实验。

依你我或希尔的身体条件，人类奔跑的速度和距离的理论极限是多少？这就是希尔想要解决的问题。

希尔早期的研究观点是，跑步速度的极限取决于运动员的肌肉（主要是心脏）功能。[8]如果在跑步时一个人的心脏能够比别人的心脏给发力的肌肉输送更多的血液，他就能跑得更快，这是一个你可以清楚测算的指标。由于对人类身体机能研究所做的卓越贡献，1922年希尔荣获诺贝尔生理学或医学奖。

我们能够测算一个人跑步速度的极限，这一想法合情合理，在实验室和测试跑道上做实验基本上也是可行的。

但是，在现实世界的竞技赛道上，却是另一回事。希尔的测算方法对预测径赛冠军几乎毫无作用。[9]

如果最具竞争力的运动员靠的只是一颗强大的心脏及其向肌肉输氧的能力，那么预测比赛冠军会是一件轻而易举的事。

但事实并非如此。

与不爱户外运动的电视迷相比，运动员的心脏更强大。但心血管能力强并不意味着运动表现就一定更强。正因如此，马拉松和奥运会短跑等竞技性比赛才会扣人心弦。有时候，头号种子选手会输掉比赛；有时候，黑马选手会一鸣惊人。

　　希尔曾坚持认为，跑步表现只与肌肉力量相关，这导致他后来陷入尴尬境地。[10] 当被问及为什么他早期对运动能力的计算对预测比赛冠军毫无作用时，希尔回答："说实话，我们那么做不是因为预测方法真的有效，而是因为它很有趣。"[11]

　　但希尔最终弄清了原因，也从此改变了科学家对运动表现的认识。

　　事实是，运动表现未必仅取决于人的身体机能。

　　它还取决于你的大脑对特定时刻的风险与回报进行权衡后所发挥的机能水平。

　　大脑的首要任务是确保你没有生命危险。因此，就像汽车上的调速器一样，不到万不得已，大脑不会让人发挥出最大的机能，因为这样可能会使人筋疲力尽，从而脆弱不堪。倘若发挥机能带来的风险与回报不匹配，大脑就会让人在达到一个较低的机能"极限"时停止运动。

　　一个人在测试跑道上测得的体能极限，可能与奥运会决赛中的体能极限不同，而后者又不同于被杀人狂拿着斧头追赶时所发挥的体能极限。

　　这也解释了某些不可思议的事。例如，当有人被压在车下，生命危在旦夕时，众人能够合力将汽车抬起。所以说，人的能力是在特定时刻和特定环境中所发挥出的潜能。

　　希尔早年曾写道："人的身体如同机器，应该可以精确测算其消耗的能量。"

但后来，在对人类表现有了更进一步的认识后，他指出："运动表现不单纯取决于身体的化学反应。"

还取决于一些更难被测算的行为和心理因素。

如果运动员不走进紧张激烈的比赛现场，我们永远不会知道他们的能力极限，因为我们无法在实验室中模拟出现实环境中的压力、风险与刺激。

巧合的是，希尔的妻子是英国经济学家约翰·梅纳德·凯恩斯的妹妹。

凯恩斯在研究中发现，经济不是机器。它有灵魂，有情绪，有感受。凯恩斯将其称为"动物精神"。

关于人的身体，希尔也有同样的发现，他称之为"道德因素"。我们的身体不是机器，不应当期望身体像机器一样运转。身体有感知，有情感，会恐惧，这些都会影响人的能力。

然而，所有这一切都很难被测算。

———

投资家吉姆·格兰特曾说：

如果认为普通股的价值完全由公司的收益、相关利率以及边际税率决定，那就等同于忘记了人类在历史上曾经烧死女巫，曾经因心血来潮而发动战争，也曾轻信电影大师奥逊·威尔斯在广播中宣告火星人已经登陆地球。

历史经常重复上演，以后还会继续上演。

每一笔投资出价，每一个市场估值，都是公司的现值乘以公司明天的故事。

数字易于测算、追踪和解释。随着当今信息的普及，这些工作变得越来越容易。

但故事往往可以夸张地反映人们的希望、梦想、恐惧、不安、种族归属感等内心情感。随着社交媒体为博取眼球而大肆渲染，有些故事变得越来越离奇。

以下几个例子可以说明其影响之大。

2008年9月10日，雷曼兄弟的经营状况良好，公司的一级资本比率（衡量银行承受亏损能力的指标）为11.7%，较上一季度有所增长，而且高于高盛和美国银行。雷曼兄弟比上一年拥有更多的资本，银行业也一如既往地稳健。

不料，72小时后，雷曼兄弟破产了。

这三天里唯一变化的是投资者对雷曼兄弟的信心。前一天，投资者出于信任准备购买雷曼兄弟的债券。第二天，他们不再信任雷曼兄弟了，雷曼兄弟的资金顷刻化为乌有。

信任是其中唯一重要的因素，但也是事先难以被量化、模拟和预测的因素，传统的估值模型无法对它进行估算。

游戏驿站公司（GameStop）的故事截然相反。2020年，这家公司本来已濒临破产。但是它忽然在红迪网上受到狂热追捧，随后股价一路飙升，募集到大量资金。2021年，该公司市值一度达到110亿美元。

雷曼兄弟和游戏驿站两家公司，两种境遇，却体现了同一个道理：最关键的变量是人们所讲的故事，故事无法被事前计算与预测，结局也无法通过计算来预估。

一旦发生这种事情，你就会看到人们大惊失色，愤愤不平，因为他们觉得这个世界充满了意外，一切都不可靠。

但吉姆·格兰特说得对：事情历来如此。

回顾整个 20 世纪，20 年代让人眼花缭乱，30 年代让人惶恐不安，40 年代仿佛世界末日来临，50 年代、60 年代、70 年代繁荣与萧条更迭，80 年代、90 年代疯狂不羁，21 世纪初则像一部真人秀，亦真亦幻。

如果你想凭借数据和逻辑思维理解经济现象，那么你会困惑整整一百年。

瑞典经济学家裴德荣指出："经济价值的概念很简单：任何东西只要有需求，无论是出于什么原因的需求，它都有价值。"

价值取决于人是否想要某个东西，而不是取决于其效用或利润。很多经济活动受人们情感的驱动，而情感往往很难被量化。

在我看来，就像在军事上一样，在商业和投资领域，如果有某个因素你无法衡量、无法预测，也无法在电子表格中建模，那么它很可能是最强大的力量。在政界、职场、人际关系等领域也是如此，无法被量化的因素，其力量也无法被预估。

投资中最常见的风险就是，人们像罗伯特·麦克纳马拉一样，长期痴迷于数据，相信模型，认定不会出现任何错误或意外，认定事情不会深陷疯狂、愚蠢、莫名其妙的境地。结果，他们总是不断地问"为什么会发生这种情况？"，并期待得到一个合理的解释。或者更糟的是，他们永远不愿接受已经发生的事实，一味沉溺于过去不切实际的幻想。

世界充满了荒诞离奇、困惑迷茫、人际冲突、自身缺陷，只有认识到这一点，才能成为人生赢家。

理解这个真实的世界，需要我们接受种种现实。

————

美国数学家约翰·纳什是有史以来最具天赋的数学家之一，曾获得诺贝尔经济学奖。但是，他也被诊断患有精神分裂症，大半辈子时间他都坚信，外星人不断向他传送加密信息。

哥伦比亚大学新闻学教授西尔维娅·娜萨在《美丽心灵》一书中，描述了纳什和哈佛大学教授乔治·麦基的一次对话：

"作为一个数学家，一个终生致力于逻辑推理的学者，你怎么会相信外星人向你传送信息？你怎么会相信来自外太空的外星人招募你来拯救世界？你怎么可能……？"

"因为，"纳什操着柔和的南方口音慢吞吞地说，"我对超自然生物的想法就像我的数学思想一样，自然出现在了我的脑海里。所以我很认真地对待这些想法。"

要接受有些事情无法被量化，首先要明白，人类社会之所以有创新和进步，世界上有些人的思维方式与我们普通人不同，这是我们之幸。

如果世界是可预测的，是理性的，那再好不过了。但是，事实是，我们要经常面对不确定性、误解和不可预测性。美国作家罗伯特·格林曾经写道："追求确定性是人最大的心理疾病。"它让我们错误地认为世界是个电子表格，我们可以通过量化建模预测事情的结果。如果每个人都把世界理解成一套需要遵循的理性规则，我们注定一事无成。

其次，要接受这样一个事实：在你看来合情合理的事情，在他人看来可能是疯狂的。如果所有人都有相同的时间维度、奋斗目标、雄心壮志和风险承受力，那么一切皆可测算。但事实并非如此。对长期投资者来说，在股价下跌5%时慌乱抛售是不明智的，但对专业股票交易员来说，此时抛售股票是其职业生涯的当务之急。在这个世界上，别人所做的商业决策或投资决策，不可能完全符合你的希望和想象。

再次，要了解动机的力量。金融泡沫看似不合理，但是那些身处泡沫中的人，就像美国2004年的抵押贷款经纪人或1999年的股票经纪人，却赚得盆满钵满，在金钱的刺激下，他们已经无法停下脚步。他们不仅欺骗客户，也欺骗自己。

最后，要明白，好故事的力量大于冰冷的统计数据。"目前，房价与收入中位数的比例高于历史平均水平，而且通常会出现均值回归"，这是一项统计数据。"吉姆刚刚通过炒房赚了50万美元，现在可以提前退休了，他的妻子觉得他很了不起"，这是在讲故事。两个例子相比,故事比数据更有说服力。

世界的本质就是这样,难以被量化。

在下一章,我们将探讨为什么生活中许多坏事会不断发生。

稳定中蕴藏危机

疯狂并不一定意味着崩溃。
疯狂是正常的,超越疯狂也是正常的。

贪婪和恐惧是人性的两大弱点。人们在这两种心态之间不断转换,就像这样:

一开始,你认为好事常在;

所以,你对坏事视而不见;

然后,你忽略坏事;

然后,你否认坏事;

然后,你为坏事的存在而担惊受怕;

然后,你接受坏事;

然后,你认为坏事常在;

然后,你对好事视而不见;

然后，你忽略好事；

然后，你否认好事；

然后，你接受好事；

然后，你又开始相信好事常在；

之后进入新的循环，周而复始。

下面让我们一起更深入地探讨这个循环为什么会发生，为什么总是发生。

———

20世纪60年代，人们见证了科技的腾飞。在此前半个世纪，运载工具从马车发展到火箭，医学治疗从放血疗法发展到器官移植。

科技的飞速发展促使经济学家力图铲除经济衰退的祸根。既然人类有能力发射洲际弹道导弹和登陆月球，遏止短期的经济负增长又算得上什么难事。

经济学家海曼·明斯基曾在华盛顿大学圣路易斯分校执教多年，他对经济发展中繁荣与萧条交替的现象抱有浓厚的兴趣。他认为，无论是现在还是未来，彻底消除经济衰退现象都是无稽之谈。

明斯基这一开创性理论被称作"金融不稳定假说"。[1]

这个假说没有很多数学计算和公式，而是描述了人类的一个心理过程，大致如下：

- 当经济稳定时，人们会非常乐观。
- 当人们非常乐观时，他们就会负债。
- 当人们处于负债状态时，经济就会变得不稳定。

明斯基理论的精髓在于：稳定本身是不稳定的。

事实上，繁荣为下一次衰退埋下了种子，正因如此，我们永远无法摆脱经济衰退。

他写道："在持续繁荣时期，经济中的金融关系会从有利于系统稳定的状态转向不利于系统稳定的状态。"

当人们相信一切会越来越好时，这种思维就像一个物理定律，推动人们一步步走向厄运。

这个道理具有普适性。

想象一下，如果股票市场永远不会下跌，股市保持稳健，股价只涨不跌。

你会怎么做？

你会倾尽所有购买大量股票，会抵押房子贷款购买更多股票，甚至可能会考虑卖肾买入更多股票。这非常合理啊！

在这个过程中，股票价格噌噌上涨，越来越高，一直涨到未来的回报率趋于零。

就在那一刻，经济萧条的种子开始萌芽。

股票估值越高，市场迎来猝不及防的震动的可能性就越大。生活总是以你意想不到的方式让你措手不及。

意外有 6 个共同特征:

- 信息不完整
- 不确定性
- 随机性
- 偶然性
- 时机不当
- 动机不足

当资产价格高到没有容错空间的时候，市场变得岌岌可危，任何一丝风吹草动都可能让它顷刻崩塌。

具有讽刺意味的是，每当市场稳如泰山——或者更准确地说，当人们相信市场坚不可摧的时候，崩盘也就不远了。

对市场稳定的臆测让人们做出自认为明智且理性的决策，资产价格被持续推高，直到足以诱发动荡。

因此，稳定本身是不稳定的。

换句话说：物极必反。过去如此，将来亦如此。

"如果不了解历史，所有事情的发生都像是前所未有的。"作家凯利·海斯曾写道。[2]

这是一个非常重要的观点。

美国历史学家丹·卡林在《末日总在咫尺间》一书中写道：

现代社会与以往最大的区别恐怕在于疾病对人类的影响……如果我们现代人遭受前工业化时代的高死亡率，只需要一年，现代社会就会陷入极大的震荡。[3]

总体来看，现代人类的安全水平与历史相差不大。但是，20世纪人类的处境确实有了一些重大改善，这主要源于传染病得到有效控制。[4] 1900年，大约每10万个美国人中就有800人死于传染病；2014年，美国每10万人中仅有46人死于传染病。

疾病致死率下降可能是有史以来对人类最好的事情。

如果在这句话后面我接着说"但是"，听起来似乎不合情理，因为疾病致死率下降完全是一件好事啊。

但是，疾病致死率下降的确导致了一种异常情况的发生。

因为传染病的致死率下降，全世界对传染病的应对能力下降了——不是在医疗技术层面，而是在心理层面。100年前暴发疫情，人们当然深受其害，但心理上能接受，他们明白这是生活的一部分。然而在现代社会，面对一场同样让人们深受重创的疫情，人们从心理上变得很难接受，因此，新冠疫情才会令全世界深陷震惊且难以承受。

纽约市长埃德·科克曾经的演讲撰稿人克拉克·惠尔顿写道：

对生活在20世纪30年代和40年代的人来说，传染病的威胁司空见惯。流行性腮腺炎、麻疹、水痘和风疹在学校和城镇大肆流行，这4种病我都得过。脊髓灰质炎发病率特别高，每年导致成千上万人（大多数是儿童）瘫痪或死亡。那个年代没有疫苗，每个人要想长大成人，都得挺过传染病这道关。[5]

相比之下，我们这代人在出生几周内就会接种好几种疫苗，与20世纪30年代和40年代相比，我们仿佛生活在截然不同的世界。我很难想象两代人之前的日常生活是什么模样。

我猜想，如果新冠疫情发生在1920年，人们很可能会把它当作一次习以为常的灾难性事件在历史书中一笔带过。然而，这次疫情发生在相对安稳的2020年，它将重塑很多人对病毒风险的思考。

我们可以借助海曼·明斯基的"金融不稳定假说"来思考这次疫情的影响。

过去50年疫情极少发生，是否让这个世界更容易受到新冠病毒的侵袭？传染病死亡人数的下降，是否让我们低估了传染病在现代发生的可能性？

新冠疫情危害很大的原因之一是，人类在20世纪疫情防控工作做得非常好，因此2020年之前极少有人想过疫情会对自己的生活产生重要影响。这已经超出了人们的认知范围。于是，当疫情袭来时，人们猝不及防。美好时代让人们自满松懈，无视警示，这真是莫大的讽刺。

多年来，流行病学家一直在警示大众可能会发生诸如新冠病毒感染这样的疫情，但大多数人都对此充耳不闻，有人甚至认为流行病只发生在历史中，只发生在世界的其他地方。如果人们认为人类已经攻克了传染病，那就很难让他们相信潜在的风险。

美国国家卫生官员协会的首席执行官洛里·弗里曼在 2020 年表示："公共卫生工作已经卓有成效，因此成了预算削减的对象。"[6]

物极必反，这个法则不断得到验证。

再举一个具有讽刺意味的例子：

- 偏执会助你取得成功，因为它能让你时刻保持警惕。
- 但是偏执会让你倍感压力，于是一旦取得成功，你就会迅速摆脱这种状态。
- 当你放弃了让你成功的因素时，你就开始走下坡路，而这会使你更有压力。

从商业投资到职业生涯，再到人际交往，这种情况无处不在。

———

瑞士心理学家卡尔·荣格有一个理论叫作"物极必反"，即一个事物过度发展就会走向反面。

让我来举一个大自然中的例子。

在 2015 年前后，加利福尼亚州经历了漫长的旱季。到了 2017 年，降水量增多，短短数月间，太浩湖部分区域下了近 20 米厚的雪——这不是我杜撰的。[7] 随之，该州 6 年的干旱宣告结束。

你可能会说，这是一件大好事啊。令人意外的是，事与愿违。

2017 年夏天，史无前例的降水量促使加州植被疯狂生长，出现了所谓的"超级盛花季"现象，荒漠成为绿洲。[8]

但紧接着，2018 年干旱再次发生，植被枯死，变成干柴。这直接导致加州发生了有史以来最严重的森林大火。

也就是说，创纪录的降雨直接导致了创纪录的火灾。

树木的年轮可以见证，在漫长的历史岁月中，大雨和大火总是循环往复，交替出现。美国国家海洋和大气管理局的记录写道："降雨充足的年份，火灾减少，植被复苏。但随后，茂密生长的植被又在干旱年枯萎，成为火灾的助燃物。"[9]

这个例子虽然不太直观，但又一次证明了物极必反的道理。

物极必反是一个充满哲学智慧的定律。我们总是倾向于低估事情出错的可能性和出错导致的后果。当人们认为最安全的时候，事情可能会变得最危险。

在 2022 年度奥斯卡颁奖典礼上，威尔·史密斯扇了主持人、喜剧演员克里斯·洛克一记耳光。事后，史密斯向丹泽尔·华盛顿寻求建议。华盛顿说："在事业处于巅峰时期时，你一定要谨慎行事，因为这个时候恶魔就会找上门，摧毁你。"

关于事物为何易于失控，最后补充一点：不管是乐观主义，

还是悲观主义，总要寻求超越看似合理的边界，因为唯一能够识别边界的方式就是冒险超越。

美国喜剧演员杰瑞·宋飞曾经主演电视剧《宋飞正传》，广受欢迎。但是后来他主动终止了这部电视剧的拍摄。

他后来说，之所以在节目最受欢迎的时候谢幕，是因为他明白，节目处于巅峰之日就是其收视率开始下滑之时，而他不想看到节目收视率下滑。这档节目可能还会一路走红，也可能不会。他觉得见好就收对他来说是最好的结局。

在历史的长河中，有那么多经济体和市场屡屡跨越理性的边界，经历从繁荣到萧条，从泡沫到崩溃的跌宕起伏，这是为什么？因为只有极少数人拥有宋飞那种急流勇退的思维方式。我们追求巅峰时刻，但往往直到冲过了头才意识到事情开始走下坡路，于是感慨："唉，我想那就是巅峰了。"

股价被高估了吗？比特币究竟值多少钱？特斯拉的股价最高能涨到多少？

你很难通过计算公式回答这些问题。它们的价值取决于人们在某个特定时刻愿意为之付出的代价，而这又取决于他们的感受，他们的信念，以及企业的故事讲得是否有说服力。而企业的故事总在不断变化，你无法预测，就像你无法预测自己三年后的心情一样。

如果一项投资的回报有可能继续增长，那就一定会有人出来验证。人们对发家致富的渴望远超简单易行的致富机会。如果你举个牌子，写上"盒子里可能有发财的机会"，总会有人打开盒子。也就是说，投资者总想弄清楚股市何时探顶。

这也是为什么市场不会保持理性，要么过度悲观，要么过度乐观。

市场的运行注定如此。

要判断市场的潜在机会是否已经被耗尽——只有这样才能识别市场是否已达到顶峰，就要让市场数据超越合理区域，人们对市场数据的判断也要失去理性。

轮胎公司开发了新产品，想要检验其性能的极限，过程很简单，只要把轮胎安装到汽车上，不断行驶直到轮胎爆胎。市场迫切地想知道投资者所能承受的极限，所以也会做同样的事情。

过去一直如此，将来也永远如此。

对此，你能做的只有两件事。

一是接受这样的观点：疯狂并不意味着崩溃。疯狂是正常的，超越疯狂也是正常的。

每隔几年就会有人说市场已经失灵，因为市场中充斥着投机行为，或者价格已经脱离基本面。但实际上，市场一直如此。人们并没有丧失理智，只是在试探其他投资者能承受的极限。

二是像宋飞一样，懂得见好就收。美国投资人查马斯·帕里哈皮蒂亚曾被问及如何获得最高回报，他说：

我愿意每年只赚 15% 的收益，因为如果能保持这样的收益率

50年，收益是巨大的。最好的策略是稳中求进。[10]

很可能将来获得收益的机会很多，这时不是每个人都能说出这样的话："现在的风险水平我还可以承受，后面的游戏我退出，只旁观就好。"事实上，一般情况下人们很难做到适可而止，但是我们应该努力做到。

接下来，让我们谈谈另外一个疯狂的问题：人为什么总是想要更多、更快？

最佳规模与速度

一个好点子，一旦用力过猛，
很快就变成一个坏主意。

　　沃伦·巴菲特曾开玩笑说，即便你让 9 名女性同时怀孕，你也不可能在一个月后就得到孩子。

　　可是，令人惊讶的是，人们又常常试图揠苗助长。

　　每当发现有价值的东西，比如一笔利润丰厚的投资或一项特别的技能时，人们就会急切地问："太好了！有什么办法能让我快点儿搞到它？"我们恨不得加倍努力，赶紧达到目的，我们希望获得双倍收益，希望获取更多价值！

　　这是人之常情，可以理解。

　　在人类历史上，揠苗助长这种急功近利的现象屡见不鲜。

　　大多数事物都有自身的客观规律性——无论是规模还是速

度，如果违背这些规律，必然事与愿违。

———

生长在美国的罗伯特·瓦德罗是世界上最高的人。

由于脑垂体异常，瓦德罗的身体分泌了过量的生长激素，导致其身高惊人。他 7 岁时身高 1.82 米，11 岁时身高已经达到 2.13 米，22 岁离世时身高 2.72 米，体重 220 多千克。他穿的鞋子约 49 厘米长，手掌约 30 厘米宽。

他看起来像科幻小说里的巨人运动员——比常人跑得更快、跳得更高、举得更重、威力更大，宛如美国民间传说中的伐木巨人保罗·班扬。

但瓦德罗并不想要这样的生活。

他需要依靠钢制的腿部支架和拐杖才能站立和行走，每走一步都一瘸一拐，非常吃力。在仅有的几段影像记录中，瓦德罗的行动总是异常吃力、异常笨拙。他很少独自站立，总是靠在墙上。由于双腿长年承受巨大的压力，在去世前的一段时间，他膝盖以下几乎没有知觉。如果他活得再久一些，身高继续增加，随意走几步都可能导致他腿部骨折。他真正的死因让人扼腕叹息：由于他的心脏要将血液输送到庞大身躯的各个部位，所以腿部的血压很高，这导致他腿部出现溃烂，最终诱发致命感染。

如果一个人的体型是常人的 3 倍，你不能指望他的身体技能也是常人的 3 倍，这不符合大自然的规律。大型动物的腿往往短而粗（如犀牛），或者与躯干相比显得特别长（如长颈鹿）。就人体的骨骼结构而言，瓦德罗的身高显然超出了常规。要知道，生物体型的增长存在上限。

早在瓦德罗出生前，生物学家 J.B.S. 霍尔丹就曾撰文讨论"规模法则"的应用范围。[1]

跳蚤能跳约 0.6 米高，身体健壮的人能跳约 1.2 米高。根据"规模法则"，假设跳蚤长到和人一般大小，它的跳跃却不可能提升到几百米高。巨型跳蚤受到的空气阻力要大得多，而且它弹跳到某一高度所需的能量与体重成正比。霍尔丹认为，假设跳蚤体型增大 1 000 倍，它跳跃的高度可能会从约 0.6 米增加到 1.8 米以上。

一个人洗完澡迈出浴缸时，身体上淌下来的水差不多 0.5 千克，这点重量对人几乎没什么影响。但老鼠如果湿透了，会重得爬不动。同样，湿漉漉的苍蝇会重得趴在地上飞不起来。可见，同样的行为对不同体型的动物所造成的影响是截然不同的。

霍尔丹写道："每种动物都有其适合生存的最佳体型，体型的变化必然有相应的形态与之匹配。"

我们可以把这一概念称作"最佳规模"，即事物赖以维持正常运作的一种适宜状态。如果扩大规模或加快速度，原有的匹配度就会被打破。

生活中的许多事情都是如此。

纵观投资史，我们不难看出投资之道：长期持有股票一般会收益更高，但急于获利往往会招致损失。

下图显示，基于持股时间的长短，美国股市获得正回报的周期百分比。[2]

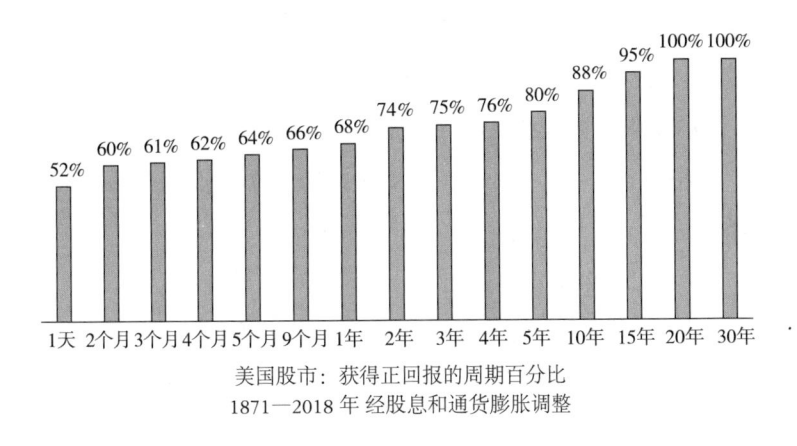

美国股市：获得正回报的周期百分比
1871—2018年 经股息和通货膨胀调整

可以从如下角度分析这张图：存在一个"最佳"投资期限——可能10年左右或更长时间。在此期间，投资股票保持耐心便可获利。投资周期压缩得越短越依赖运气，越容易亏损。

回顾历史上的投资失误案例不难发现，其中90%以上是由于投资者试图压缩这个自然的"最佳"投资期限。

投资如此，公司运营亦如此。

1994年，即星巴克成立的第23年，它开设了425家门店。1999年，星巴克的新开门店数量达到625家。截至2007年，星巴克每年新开设 2 500 家门店——相当于每 2 个小时就有一家新的星巴克门店开张。

有因必有果。公司为了达到增长目标,理性分析的空间被挤压。有关星巴克门店饱和的各种故事成了笑话。在经济发展形势一片大好的时期,星巴克的门店销售额增长竟然下降了一半。

2007 年,星巴克首席执行官霍华德·舒尔茨在给高级管理层的一封信中写道:"现在看来,在门店从不到 1 000 家发展到 1.3 万家的过程中,我们做的一系列决定逐步弱化了星巴克的品牌体验。"[3] 2008 年,星巴克关闭了 600 家门店,解雇了 1.2 万名员工,股票价格下跌 73%。即使以当年的标准来看,这一境况也相当糟糕。

舒尔茨在 2011 年出版的《一路向前》一书中写道:"我们现在非常清楚,增长不是一种战略,而是一种策略。当盲目的增长目标成为战略时,我们迷失了方向。"

星巴克也有其"最佳规模",所有企业都是如此。当规模过度扩张时,收益可能会增加,但是客户的失望程度会超出公司收益增长的速度。这就与罗伯特·瓦德罗虽然长得很高,但是走路更困难是一个道理。

轮胎大亨哈维·费尔斯通深谙此道,他在 1926 年写道:

做生意你想一口吃个大胖子,可能会适得其反。第一,你要是做不成,一大笔钱就打了水漂。第二,就算你做成了,工厂生产也可能应付不过来。第三,你做成了,未必能长期维持大规模生产。一家公司生意发展太快，就像穷小子赚到了快钱。[4]

企业合并往往会落入同样的陷阱。当管理层要求企业增长的速度超过消费者眼中合理的速度时，他们往往会通过收购来实现增长。而消费者的愿望更接近企业发展的"最佳规模"，强行拉动增长只会导致失利。

纳西姆·塔勒布曾说，他在联邦层面是自由主义者，在州层面是共和党人，在地方层面是民主党人，在家庭层面是社会主义者。当一个团队从 4 人增至 100 人、10 万人乃至 1 亿人时，人们会以完全不同的方式应对风险和履行责任。

企业文化也是如此。适用于十人规模的企业管理模式运用到千人规模的企业，肯定行不通，有些企业短短几年以这样的速度迅猛发展，结果却陷入重大危机。一个典型案例就是优步前首席执行官特拉维斯·卡兰尼克。他在公司发展早期起到了无可替代的作用，但是公司成熟之后，他不再是合适的管理者。我不认为这是某种缺陷，只是反映出有些事并不适合规模化。

自然界中类似的例子不胜枚举，都体现了同一个道理：急于求成，物极必反。

━━━

大多数小树苗头几十年都生长在老树的荫蔽之下。阳光有限意味着树木会生长缓慢。生长缓慢使得木材密实坚硬。

但如果小树苗长在开阔的田野里，令人玩味的事情发生了：没有大树的遮蔽，树木沐浴在阳光里快速生长。

快速生长导致木质变得柔软、疏松，无法形成致密的结构，这种木质容易滋生真菌，也容易染病。林业学家彼得·沃莱本曾说："一棵树如果长得快腐烂得快，就失去了成为参天大树的机会。"[5] 正所谓欲速则不达。

再以动物为例。

取两组相同的幼鱼，一组放入低于常温的冷水中，另一组放入高于常温的温水中，保持两组温度恒定。实验结果十分有趣：冷水中的幼鱼生长速度低于正常水平，而温水中的幼鱼生长速度高于正常水平。

把两组鱼放回常温水中，它们都发育成正常体型的成年鱼。

但随后的情况令人吃惊。

早期生长缓慢的鱼群寿命比平均水平高 30%，而早期在人为作用下加速生长的鱼群寿命比平均水平低 15%。

这是格拉斯哥大学一个生物学家团队的实验结果。[6]

其中的原因并不复杂。超速生长会导致生物的组织受损，用生物学家的话说就是，"会导致用于维护和修复受损生物分子的资源转移到别处"。然而，当生长速度变慢时，"用于维护和修复受损生物分子的资源会增加"。

该团队的研究员尼尔·梅特卡夫表示："完全可以想象，一台匆忙建造的机器比一台精细组装的机器更容易发生故障。我们的研究表明，人的机体也可能存在这种情况。"

在弱肉强食的世界，生长是件好事。但被迫生长、加速生长和人工干预生长往往会适得其反。

=====

罗伯特·格林写道："创造力的最大障碍是缺乏耐心，或者喜欢一蹴而就、夸夸其谈，或者大出风头。"

关于这个话题的重要一点是，生活中大多数重要的事情，无论是爱情、事业还是投资，其价值都来自两点：耐心和稀缺性。耐心指做事循序渐进，顺其自然；稀缺性指珍视事物最终实现的独特价值。

然而，人在追求远大志向时，最常见的两种策略是什么？更多，更快。

这个问题一直存在，也将永远存在。

一如既往。

下一章会讨论另一个永恒的话题：人寻找动力的方式、时机以及原因是什么？

当奇迹发生时

逆境更能激发人的潜能。

纵观历史长河,你会发现一条永恒不变的真理:最重大的变革、最重要的创新不会发生在和平盛世,而往往发生在大变局之中或大变局之后。这时,人会感到惊慌失措、焦虑不安,如果不尽快采取行动,后果将不堪设想。

三角女式衬衫厂火灾是纽约历史上最惨痛的悲剧之一。[1]

1911年3月25日,纽约三角女式衬衫厂发生火灾,厂房里有数百名女工,大部分是十几岁的移民女性,很少有超过22

岁的。

短短几分钟，工厂几乎被火焰吞噬。

消防员很快赶到了现场，但他们的梯子只能够到6楼，离着火楼层还有4层楼的高度，工人们绝望至极。

"大家都在乱跑，都想冲出去。"火灾幸存者贝茜·科恩回忆说。

惊慌失措的工人们挤在窗边，拼命想要呼吸一口窗外的氧气。

厂房下面的街道上聚集了很多人。接下来的一幕让在场所有人永生难忘。

一位路人说，好像一捆着火的旧衣服从楼上掉了下来，"砰"的一声砸在地上。另一个人说，估计是为了灭火，工人们把烧着了的衣服扔了下来。

但是，砸到地面的声响越来越多，显然是工人们为了逃生，从楼上跳下来摔死了。

开始只有一个人，然后是几个人，紧接着是几十个人。

"'砰'——摔死了，'砰'——摔死了，'砰'——摔死了，'砰'——摔死了。"目击者描述道。[2]

当时，为了防止工人在工作时间偷懒溜出去，厂房大门和逃生通道全被锁住了。当火灾发生时，送货电梯停止运行，跳楼成了逃离火海的唯一方式。

"我的朋友多拉也在其中，她是个漂亮的小姑娘，"科恩回忆道，"我还记得她跳楼前那一刻的样子。"

悲剧不到半个小时就结束了，146名工人失去了生命。

那天晚上，弗朗西丝·珀金斯在厂房下面的街道上目睹了这场火灾。当晚，她向记者讲述了自己看到的情景。

"她们抱着绝处逢生的希望，三三两两往下跳。"珀金斯说，"救生网被砸破了，消防人员不停地喊，让她们别跳，但熊熊大火在身后燃烧，她们别无选择。"

事故过去30年后，弗朗西丝·珀金斯被富兰克林·罗斯福总统任命为劳工部长，成为首位进入美国总统内阁的女性。

三角女式衬衣厂的火灾现场让珀金斯触目惊心。她意识到，如果当时有更好的工作环境，哪怕只是采取开放逃生通道、保持大门通畅这些简单的措施，死亡都是可以避免的。从此，珀金斯与无数人一起，致力于为工人的权利而奋斗。

珀金斯写道："因为深感愧疚，我们共同努力希望避免此类灾难再次发生。"她把这场灾难当成一个永远铭记的警示，她毕生致力于改变工人恶劣的工作环境，防止悲剧重演。

在很大程度上，三角女式衬衣厂火灾标志着劳工权利运动的开端，对20世纪的美国造成了深远的影响。

火灾发生近半个世纪后，珀金斯回顾说，罗斯福总统在"新政"中提出要重塑美国经济，保障劳工权益，其精神可以追溯到1911年3月25日三角女式衬衣厂火灾事件。

压力、痛苦、不适、震惊、憎恶……都是悲剧带来的负面影响，但奇迹也在悲剧中发生。

汽车和飞机是现代社会的两项重大发明。

两者诞生之初的情况很有趣。

那时，没有人见到汽车会说："哦，这可以成为我上下班的通勤工具啊。"

也很少有人见到飞机会说："啊哈，我下次可以乘坐飞机去度假。"

直到十几年后，人们才发现汽车和飞机在出行方面的潜力。

起初人们在看到汽车和飞机时问："我们能在这上面安装机枪吗？我们能用它来投掷炸弹吗？"

在汽车行业之外，美国陆军准将阿道弗斯·格里利率先意识到了这种"无马马车"的潜力。1899年，即福特T型车出现近10年前，他购置了3辆汽车供美国陆军试验。

《洛杉矶时报》在最早提及汽车的一篇文章中报道了这件事：

它可以用来运输机枪这样的轻型武器，也可以用来运输装备、弹药和物资，还可以把前线伤员转移到后方。总的来说，它基本上可以取代骡子和马执行各种运输任务。

9年后，《洛杉矶时报》采访了飞机的发明者莱特兄弟，他们在谈到这种新型飞行器的前景时说：

他们认为，这种新式"飞艇"的用途完全在于在战争中发挥侦察优势。他们不想把自己的发明卖给私人企业，而是希望华盛顿陆军部能将其用于军事。

莱特兄弟这样想是有原因的。那时，美国陆军是唯一对飞机感兴趣的群体，也是莱特兄弟唯一的客户。美国陆军在1908年购买了第一架"飞行器"。

美国军方早期对汽车和飞机的兴趣并非一种歪打正着的远见。在以下这些重大创新的清单中，军方的身影反复出现。

雷达
核能
互联网
微处理器
喷气式飞机
火箭
抗生素
州际高速公路
直升机
全球定位系统 (GPS)
数码摄影
微波炉
合成橡胶

这些创新要么直接由军方研发，要么深受军方的影响。

原因何在？

是军队在技术方面独具慧眼吗？还是军队拥有最具天赋的工程师？

都有可能。

但更重要的是，军事领域一直有很多重大的问题亟待解决。

推动创新的力量多种多样。

其中一种可能是："如果不把这个搞清楚，我就会被炒鱿鱼。"在这种压力下你会脑洞大开，才思敏捷。

另一种可能是："如果解决了这个问题，我不仅能帮助他人，自己也能获得经济回报。"这种期望也能驱动创新。

军队推动创新的动力则是："如果不能及时解决这个难题，我们所有人都将被消灭，希特勒之流可能统治世界。"这种强烈的忧患意识会在最短的时间内激发人们提出高效的问题解决方案和创新。

弗雷德里克·刘易斯·艾伦这样描述二战：

战争期间，美国政府通过科学研究与发展署和其他机构，一直在传递这样的信息："这些发明有军事价值吗？如果有，那就不计成本去开发！"[3]

军队是创新的引擎，因为军队不时需要解决一些非常重大、非常紧急、非常关键的问题。鉴于任务的紧迫性和重要性，科研资金和人力都不成问题，各方会精诚合作，以超出常规的效率推动创新，这种方式在和平时期很难被复制。

硅谷程序员的研发工作是为了吸引用户点击广告以创造商业价值，而"曼哈顿计划"的物理学家则是为了终结一场关乎国家存亡的战争，两者如何相提并论？两类科研人员的能力也不可相提并论。

在不同环境下，拥有同等智力水平的人也会表现出截然不同的创新潜力。

人们在焦虑或恐惧的时候，或者在生死攸关的时刻，创造力能够在最大程度上被激发出来。

加拿大电子商务软件开发商 Shopify 创始人托比·卢克说："事事顺利很难锻造韧性。"4

纳西姆·塔勒布曾写道："对挫折的应激反应释放出的超常能量成就了创新。"

相较于放松状态，压力状态更能集中你的注意力。压力会遏制拖延和犹豫，把必须完成的事情推到你眼前。你别无选择，只能竭尽全力立即解决问题。

二战期间，某报社采访了一位匿名的美国士兵，问他战斗的时候在想些什么。他回答说："我在提醒自己要保持恐惧，这样我才能活下去，才不会犯低级错误。"

这是很好的建议，这种方法适用于很多事情。

20世纪30年代是美国历史上最黑暗的时期之一。

1932年,近1/4的美国人失业,股市暴跌89%。

在之后的10年里,毋庸置疑,人们的目光都聚焦在这两大经济事件上。

不过,20世纪30年代也是迄今为止美国历史上生产力最高、科技进步速度最快的10年,这一点却鲜有人提及。

20世纪30年代,人们攻克了很多难题,建立了更高效的生产模式。正是这些被遗忘的成就为美国20世纪后期的繁荣奠定了基础。

有数据为证,在那个年代,美国全要素生产率(即经济产出与工人劳动时长和投入资金之比)达到了前所未有的高度。

经济学家亚历克斯·菲尔德写道:截至1941年,在工作时长几乎没有增加的情况下,美国的经济产出相较于1929年已经增加了40%。[5] 每个人都变得非常高效。

这一时期的很多事情都值得我们关注,它们有利于我们理解当时生产效率高的深刻原因。

以汽车为例。20世纪20年代是汽车的时代,美国公路上的汽车数量从1912年的100万台激增至1929年的2 900万台。

但公路建设状况完全不同,汽车的销售速度超过了公路的建设速度。

直到20世纪30年代,罗斯福新政的公共工程管理局推动道路建设，情况才得以扭转。

  1920 年的公路建设支出占国内生产总值的 2%，1933 年超过 6%（而今天不到 1%）。从美国联邦公路管理局的报告中我们能看出项目进展飞快：

  1933 年 8 月 5 日，根据公路法案，犹他州首先启动了公路建设项目。截至 1934 年 8 月，已建成约 26 280 千米的公路。[6]

  这项工程极大地提高了生产力。例如，宾夕法尼亚州收费公路建成后，匹兹堡与哈里斯堡之间的出行时间缩短了 70%。1933 年金门大桥建成后，马林县与外界的往来终于畅通了，过去只有乘坐轮渡才能从旧金山到达该县。

  全美各地都在发生此类重大变化，因此，20 世纪 30 年代是美国交通运输业蓬勃发展的 10 年。公路的兴建大大提高了拥有百年历史的铁路网络的效率，与世界联通的"最后一公里"得以打通。

  20 世纪 30 年代，美国电气化比例也大幅提升，尤其是未能赶上 20 世纪 20 年代城市电气化浪潮的农村地区终于有所改善。

  罗斯福新政中成立的农村电气化管理局将电力输送到农场，让经济遭受重创的地区获得了 10 年来唯一的积极发展。美国农村通电家庭从 1935 年的不到 10% 上升到 1945 年的近 50%。

  很难想象，就在不久前，在我们这代人生活的早期以及我们祖父母那代人的大半生中，美国大部分地区夜晚还是漆黑一片。

富兰克林·罗斯福总统在一次关于农村电气化管理局的演讲中说：

> 现在电力不再是奢侈品，而是必需品……在每家每户，电力不仅被用于照明，还成为每个家庭可靠的帮手，有着无数的用处。电力可以解放家庭主妇的双手，还可以减轻农民肩上沉重的负担。[7]

电力成了家庭"可靠的帮手"，推动洗衣机、吸尘器、冰箱等家电的购买和使用，进而把家庭主妇从家务中解放出来，让她们加入劳动力市场。该趋势持续了半个多世纪，也是 20 世纪推动经济发展和性别平等进程的主要动力之一。

20 世纪 30 年代另外一个生产力激增的原因是，人们在生活支出方面开始精打细算，追求物超所值。

在过去，人们购买食物的方式是去肉店买肉，去面包店买面包，去农产品摊买菜。在美国 1/4 的人口失业之时，美国第一家超市开业了，它把各种类型的商品汇集到一个地方，供顾客自行挑选，这种食品零售方式非常适合当时的经济形势。

20 世纪 30 年代，洗衣机销量下降，自助洗衣店应运而生，将业务定位为"洗衣机租赁服务"。

各个行业面对萎靡不振的销售状态，纷纷开始思考："我们要做什么才能维持生存？"答案通常是引入亨利·福特 10 年前发明的那种装配生产线。

20 世纪 20 年代，工厂每小时产量增长了 21%。"1930 年至 1940 年经济大萧条期间，工厂要么倒闭，要么只在部分时段运营。"弗雷德里·刘易斯·艾伦写道,"生产效率和经济面临巨大压力——让人惊讶的是,经济增长了41%。"

"大萧条的重创并没有减缓美国发明创造的脚步,"经济学家罗伯特·戈登写道,"如果非要说造成了什么影响,那就是创新的节奏加快了。"[8]

20世纪30年代,教育行业也取得进步,因为越来越多的年轻人就业困难,只能延长在校学习的时间。大萧条时期,高中毕业率达到历史最高水平,直至20世纪60年代这个纪录才被打破。

工厂效率提升,创新节奏加快,劳动力教育水平提高,这些都为1941年美国参加第二次世界大战打下了基础,让其成为同盟国阵营的"制造引擎"。

最让人好奇的是,如果没有发生大萧条,20世纪30年代还会发生技术飞跃吗?

我认为答案是否定的,至少不会达到当时那种程度。

如果经济没有萎缩停滞,人们就不会竭尽全力让其复苏,自然也不会有罗斯福新政这样的政策。

如果企业不是面临前所未有的倒闭风险,企业家和创业者就不会迫切地寻找新的方法提升效率。

在经济欣欣向荣、前景一片光明的时候,管理层不会对员工说:"尝试下新东西,换种方式,我不介意!"

只有在迫不得已的情况下,急速、重大的变革才会发生。

1939年第二次世界大战刚开始时,军队还在使用骑兵;到了

1945年，原子弹终结了战争。1958年，在苏联发射了人类第一颗人造地球卫星两周后，美国成立了国家航空航天局，仅11年后，美国人成功登月。没有恐惧作为催化剂，类似的科技创新进程不会进展得如此之快。

商用飞机的发展历程也是如此。商用飞机的飞行安全水平很高，是因为每次发生事故后，相关人员都会进行高强度的学习和反思，从而降低了类似意外事故发生的概率。

同样的情形发生在21世纪初。2008年，石油危机导致油价飙升，激发石油公司革新钻探技术，美国石油产量创下历史新高。没有那次危机，新技术会蓬勃发展吗？几乎不可能。

新冠疫情也是如此。这场时代危机给全球带来了极大的恐慌，促使疫苗产业飞速发展。

二战期间，美国科学研究局负责人范内瓦·布什曾提出一个饱受争议的观点：战争带来的医学进步所拯救的生命也许远多于在战争中丧生的生命。这一点在抗生素的生产和使用上表现得尤为明显。

在危机发生的当下，人们很难注意到这些积极影响。但时间和历史反复证明，这些积极影响的确存在。

━━━━━

压力引发的创新也有明显的局限性。

适当的压力是有益的，但压力过大则会让人感受到挫折，两者之间应当有一个微妙的平衡。应对挫折要消耗大量的能量，因而很多人选择苟且偷安，而不是战胜挫折，这反而阻碍了创新。

我们也需要重视人们在顺境时的行为模式。当财富殷实、前景光明、负担较轻、威胁消失、一切欣欣向荣时，人们却往往表现拙劣、愚不可及、效率低下。

理查德·尼克松总统曾说：

> 那些生活在法国南海岸、英国纽波特、美国棕榈泉、澳大利亚棕榈滩等国际知名度假胜地的人，其实是世界上最不幸福的人。他们每天下午打高尔夫，晚上参加各种聚会，纵饮无度，夸夸其谈，从不思考，无所事事，没有目标。
>
> 一定有人对这种观点表示不服："要是我能变成百万富翁就好了！这些都是最美妙的事情！每天不用上班，尽情出去钓鱼、打猎、打高尔夫、旅游，那将是最精彩的人生！"说这话的人一定还不懂人生。人生的意义来自你自己的目标。为了一个目标努力奋斗，不断拼搏，哪怕最后输了，也是有意义的人生。[9]

创业大亨安德鲁·威尔金森也表达了同样的观点："大多数成功人士受到焦虑的驱使才做出了斐然的成绩。"[10]

投资人帕特里克·奥肖内西写道："根据我的经验，我遇到的很多才华横溢的人并不快乐，应该说他们'内心备受煎熬'。"[11]

恐惧、痛苦、挣扎等内心感受反而成为积极情绪永远无法比拟的强大动力。

这是历史留给我们的重要启示。我们应该意识到这个真理：认真对待人生的愿望。

　　无忧无虑、没有压力的生活听起来很美妙，但它会让你失去动力，阻止你进步。没有人为苦难欢欣鼓舞，也不应该如此。但是我们必须认识到，困难和挫折是解决问题的动力，既是我们今天享受生活的根源，也是我们创造美好明天的种子。

　　接下来，让我们回顾一下德怀特·戴维·艾森豪威尔人生中最糟糕的一天，来谈谈"奇迹与灾难"这一永恒的话题。

突发的灾难与长期的奇迹

世界运行的规律就是这样：
诸多因素长时间叠加才能成就好事，
信心缺失或致命错误却瞬间导致厄运降临。

很多事情都可以体现一个道理：好事多磨，而坏事瞬间就可能发生。

沃伦·巴菲特曾说，建立好名声需要 20 年，毁掉好名声只需 5 分钟。

很多事情都是如此。

世界运行的规律就是这样：诸多因素长时间叠加才能成就好事，信心缺失或致命错误却瞬间导致厄运降临。

1955年9月23日，德怀特·艾森豪威尔总统在午餐时吃了一个汉堡。[1] 当晚，他感到胸口疼痛难忍，向妻子抱怨说可能是汉堡中的洋葱让他烧心。随后他恐慌发作，进而诱发心脏病，情况非常严重，这差点儿就要了他的命。如果艾森豪威尔那时死于心脏病，他就是当年死于心脏病的70多万美国人中的一个。

此后发生的事情非同寻常，但很少有人关注。

美国国立卫生研究院的数据显示，自20世纪50年代以来，经年龄调整的人均心脏病死亡率下降超过70%。

美国有那么多人死于心脏病，将心脏病死亡率降低70%，意味着不计其数的生命得到了挽救！这简直难以想象。

如果这一死亡率没有下降，也就是相关医学治疗手段没有得到改善，死亡率在20世纪50年代之后也没有趋于稳定，那么在过去的65年里，死于心脏病的美国人要比实际死亡人数多2 500万。

2 500万！

即使只看一年的数据，我们也能感受到这方面惊人的进步。得益于20世纪50年代以来心脏病治疗的重大进步，现在每年死于心脏病的美国人减少了50多万。每月减少的死亡人数就能挤满一个足球场。

这怎么不是一件惊天动地的大事呢？

为什么没有人在街头高呼庆祝，为什么没有人为心脏病专家建造纪念碑呢？

我来告诉你原因：因为这种进步发生得太缓慢，没有人注意到。

从 1950 年至 2014 年，心脏病死亡率平均每年下降 1.5%。

如果看到新闻标题是《去年心脏病死亡率下降了 1.5%》，你会做何反应？估计没什么兴趣，然后接着看别的消息。

这就是公众的反应。

公众的反应历来如此。我们没有意识到，重大的正面事件源于很多事情的叠加效应，但是这往往需要一段时间，所以很容易被人们忽略。

新技术常常需要数年甚至数十年的时间才能引起人们的关注，然后又需要数年或数十年的时间才能被人们接受并投入应用。某项新技术一问世就能让人们认识到其所有潜力，并立刻得到广泛应用，这样的事根本就不存在。有人悲观地认为，好像很多年没有什么创新项目出现了，那是因为创新项目一般需要很多年才能被关注。硬科学领域也是如此。历史学家戴维·伍顿说，从发现病菌到医学界接受病菌致病的观点经历了 200 年，认识到抗菌的重要性又花了 30 年，而将青霉素投入使用又花了 60 年。[2]

经济发展也是如此。

在过去的 100 年里，美国人均实际 GDP(国内生产总值)增长了 8 倍，在 20 世纪 20 年代已经达到今天土库曼斯坦的水平。虽然美国人均实际 GDP 在 20 世纪经历了飞跃式发展，但平均每年增长只有约 3%，无论从某一年、某 10 年或个人的一生来看，这种平均发展的速度都不起眼。50 岁以上的美国人自出生以来，美国人均实际 GDP 至少翻了一番。但他们并不记得自己出生时的经济水平，只记得过去几个月的情形，而短短几个月的向好发展趋势往往不够明显。

个人事业发展、社会进步、品牌推广、公司发展、人际关系等各个领域的进步都是如此。事情的向好发展总是需要时间，而且通常很漫长，漫长到人们很难察觉。

那么，坏事的发展规律又怎样呢？

坏事降临往往直截了当。它突如其来，让人猝不及防，措手不及。

珍珠港事件和"9·11"恐怖袭击事件可能是美国近百年来最大的两起事件。这两起事件从开始到结束，都持续了约一个小时。

对于新冠疫情，很多人从对其闻所未闻到生活被搅乱，只经历了不到一个月的时间。

拥有 158 年历史的雷曼兄弟从巅峰到破产，用了不到 15 个月的时间。安然、房利美和房地美、诺基亚等公司的衰落，伯尼·麦道夫沦为最大的金融骗子，利比亚前领导人卡扎菲倒台，巴黎圣母院 2019 年火灾，苏联解体都是如此。世间很多事物从其诞生到繁荣往往需要漫长的时间，但数十年的繁荣可能在瞬间灰飞烟灭。反过来却并非如此。

有一个非常合理的解释。

增长总是需要与减缓其上升的力量对抗。新理念需要争夺人的注意力，新商业模式需要突破既有模式，摩天大楼需要对抗地心引力。在我们的生活中，阻力无处不在。但是每个人都在努力清除障碍，一些人竭力减缓衰退，但是他们往往无法凝聚足够的力量来遏止衰退。

———

孕育一个生命需要以正确的顺序完成数百亿个步骤，但只要一件事出错就可以终结一个生命。

人类胚胎在短短 5 周后就拥有了大脑、跳动的心脏、胰腺、肝脏和胆囊。在出生时，婴儿已经拥有 1 000 亿个神经元、250 万亿个突触、11 个相互协作的器官系统，还有独立的人格。人体的复杂程度令人震惊！

但是，人的死亡却很简单。大多数死亡是由缺血和缺氧引起的，比如严重外伤、心脏病、中风、癌症、感染、药物过量等。疾病本身可能很复杂，但结束生命的直接原因是机体无法获得足够的血液和氧气供给。

人的诞生极其复杂，而人的死亡极其简单。

同理，作家尤瓦尔·赫拉利写道："为了享受和平，每个人都需要做出正确的选择。相反，只要有一方做出错误的选择就可能导致战争。"

"搞建设难，搞破坏易"的例子俯拾即是。建造工程需要专业的工程师，而拆除工程只需一把大锤。再坚固的建筑，摧毁通常也比建造简单。

具有讽刺意味的是,尽管成长和进步比挫折更有力量,但挫折总是会因突如其来而更受关注。在不断的挫败中缓慢进步是世间常态,虽然难以适应,但事情就是这样。

这里有两点需要注意。

很多好事都是因为有的事情没有发生,而几乎所有坏事都是因为有的事情发生了。

好事包括:没有死亡、没有染上疾病、没有爆发战争,悲剧得以避免,邪恶得到遏制。这样的幸事常常很难想象或具体化,更无从量化。

而坏事总是显而易见——不仅看得见,而且迫在眉睫,刻不容缓。例如,恐怖袭击、战争、车祸、大流行病、股市崩盘、政治斗争等,一旦发生你只能面对。

取得的进步很容易被低估。

"50年后美国人的平均富裕水平加倍的可能性有多大?"如果我问这个问题听起来很荒谬,因为其概率似乎很低。是现在的两倍?让现有财富翻番?听起来异想天开。

但是我可以换种问法:"在未来的50年里,我们的财富实现年均增长1.4%的可能性有多大?"这听起来似乎很悲观了。才增加一个多百分点，增幅这么小吗？

实际上，这两组数据的结果是一样的。

情况一直都是这样，而且永远都是这样。

———

接下来我要分享一个关于核弹的故事，来说明人们多么容易忽视风险。

小与大

微小的变化日积月累会带来巨变。

历史上,人们普遍认为,最庞大的企业、最发达的国家、最重大的创新才会带来最大的威胁,或者才能创造最大的机遇。

然而,事实并非如此。

2010年,耶鲁大学的一项研究表明,肥胖人数增加的主要原因不一定是人们在正餐中吃得太多,而是每天吃了太多零食。[1]

这个例子很好地反映出许多事情的运行机制。

大多数灾难来自一系列微小的风险,它们小到容易被人们忽略,最终却酿成大祸。同理,大多数伟大的成就也来自一些微不足道的小事,它们不断叠加,创造了意想不到的成果。

一如既往

苏联曾制造过一枚核弹，比美国投掷在广岛的核弹威力强1 500倍。

这枚核弹叫"沙皇炸弹"（"炸弹之王"），它的威力相当于二战期间投掷的常规炸弹威力总和的10倍。在苏联进行核爆炸试验的时候，"沙皇炸弹"产生的火球在近1 000千米之外都能看见，它的蘑菇云高达约6.8万米。

历史学家约翰·刘易斯·加迪斯写道：

> 发生爆炸的岛屿几乎被夷为平地，不仅积雪消失了，就连岩石也消失了，整个岛屿就像一个巨大的滑冰场。一项估算表明……爆炸后的大火可以吞噬相当于马里兰州大小的区域。[2]

研制第一枚核弹的初衷是为了结束第二次世界大战。但在10年内，人类拥有了足以毁灭整个地球的核武器。

虽然这些核弹会带来致命的后果，但是研发核弹仍有积极的一面：由于风险实在太高，各国将核弹投入战争的可能性可以说很小。如果一国用核弹夷平敌国的首都，对方可以在60秒后以同样的手段进行报复，这种两败俱伤的结果有何必要呢？约翰·肯尼迪总统曾借用罗马和迦太基的例子，说两个敌对国家都不希望发动一场自身难保且相互摧毁的战争。

为了摆脱这一困局，人类在1960年运用逆向思维制造出了体积更小、杀伤力更小的核弹。

其中一种核弹名为戴维克罗无后坐力炮，美国投在广岛的原子弹是其威力的 650 倍，这种核弹可以被装载在吉普车上发射。[3] 人类还制造了可以放进背包的核地雷，弹头只有一个鞋盒大小。

这些小型核武器更加可靠、风险更低，投入使用不至于毁灭世界。

然而事与愿违。

小型核弹更有可能被运用到战争中，这就是当时的研发目的。它们降低了核弹合理使用的门槛。

小型核弹改变了战争的游戏规则，让情况越来越糟。

新的风险在于，一个国家可以"很负责任地"在战争中使用小型核武器，但是也可以升级报复，有可能最终导致大型核武器的投放。

没有哪个国家会轻易使用大型核弹发动战争。但是它们会投放小型核弹吗？很有可能。

投放小型核弹能否成为使用大型核弹进行报复的理由？答案是肯定的。

所以说，小型核弹提高了大型核弹使用的可能性。

小风险不是大风险的替代品，而是导火索。

古巴导弹危机期间，苏联在古巴的导弹威力是"沙皇炸弹"的四千分之一。[4] 然而，根据美国国防部长罗伯特·麦克纳马拉的说法，哪怕苏联只投放一枚导弹，美国也有"99% 的可能性"会动用其全部核力量进行报复。

帮助制造原子弹的物理学家罗伯特·奥本海默对原子弹的破坏性深感愧疚，于是开始推动使用小型核武器，希望以此降低风险。他后来承认这是一个错误的想法，因为小型核武器反而增加了大规模核攻击的概率。

大风险很容易被忽视，因为它们是一连串小事件的连锁反应，而人们对小事件往往不以为然。所以，人们总是低估大风险发生的概率。

在历史上，人类一次又一次目睹了这类情况的发生。

1929 年，没有人预料到会发生经济大萧条。如果你在 1929 年发出警告说，股市将下跌近 90%，失业率将上升至 25%，大家只会嘲笑你。

人们也并非自满。20 世纪 20 年代，股市估值过高，房地产投机盛行，农场经营不善，这些都显而易见，有据可查，还有过一些讨论。但那又如何？每件事孤立来看，都不是什么大事。

直到这些小事件同时发生，相互影响，愈演愈烈，最终演变成了大萧条。

于是，股市下跌，老板财富蒸发，他们解雇员工，员工无法还贷，银行破产。当银行倒闭时，储户失去存款。当储户失去存款时，他们停止消费。当人们停止消费时，企业就会倒闭。当企业倒闭时，更多银行跟着倒闭。当银行倒闭时，更多人失去积蓄——恶性循环无休无止。

新冠疫情也是如此。

病毒突如其来，给世界人民造成了严重影响。

新冠疫情并不是从天而降的一个极小概率的事件，它实际上是众多小风险相互叠加、共同作用而导致的一个巨大危机。这当然只是一种后见之明。

一种新型病毒传播到一些人身上（这类事件经常发生），这些人又与其他人接触（这也再正常不过了）。刚开始整个事情是个谜团（可以理解）。一些国家认为情况会得到控制（否认形势会变坏，很典型），并没有迅速采取行动（官僚主义作祟）。我们没有做好充分准备（过度乐观），只能用封锁隔离措施来应对（恐慌之下全力应战）。

单看上面的每件事都不足为奇，但是它们叠加在一起，就变成了一场灾难。

1977年的特内里费空难是历史上最惨重的飞行事故。[5] 3月27日傍晚，在一架飞机起飞时，另一架飞机仍在跑道上，两架波音747飞机迎面相撞，最终导致583名乘客和机组人员遇难。这个失误令人震惊！

事后，有关当局想知道，为什么会发生如此严重的空难。一份事故调查报告准确地解释了原因，"11个不同的巧合和失误（其中大部分是小问题）……同时发生"，导致撞机惨剧。许多微小的失误累积成一个巨大的错误。

假定世界每10年左右会爆发一次大的危机，这很正常，因为历史规律确实如此。但是，由于这些危机发生的可能性极低，所以人们总是侥幸认为不可能经常发生。结果，大危机总是一次又一次如期而至，因为大危机就是小事件不断叠加的结果。

由于这些小事件并不直观,所以人们总是会忽略大风险。

当然,好事情的发生也是同样的道理。

———

显然,宇宙中最惊人的力量是进化。因为进化,单细胞生物变成了你我这样能在有1TB内存的iPad(苹果平板电脑)上阅读电子书的人类。因为进化,人类拥有了敏锐的视觉,鸟类拥有了飞翔的能力,生物拥有了强大的免疫系统。

在科学界,最令人震撼的莫过于进化带来的各种奇迹。

生物学家莱斯利·奥格尔说过,"进化比你还要聪明",每当评论家说"进化永远不可能做到这一点"时,他们通常只是缺乏想象力。[6]

进化的力量时常被低估,因为人们看不到其背后的数学逻辑。

进化的超能力不仅仅是选择有利的特质,这方面通常很乏味,如果只关注这一点,你必定会感到困惑和怀疑。在任何一个千年里,大部分物种的变化都非常微小,很难被察觉。

进化真正的神奇之处在于,它选择物种特质的过程持续了38亿年。

真正推动进化指针的是时间,而非微小的变化。将微不足道的变化乘以38亿年,结果简直就是一个奇迹。

换言之，如果你的指数公式中有一个很大的数字，你不再需要其他宏大的变化，就能获得一个宏大的结果。这才是进化论真正的魔力，它不直观，却很强大。

物理学家艾伯特·巴特利特说过："人类最大的弱点就是无法理解指数函数。"

很多事情都是如此。

人类的这一弱点经常发生在投资领域。

著名投资人霍华德·马克斯曾谈到一位同行，他的年度业绩从未名列前茅，但在长达 14 年的数据统计中，他在所有投资者中排名前 4%。[7]如果他能将自己平平无奇的业绩继续保持 10 年，他可能会成为同行中排名前 1% 的人。虽然任何一年单独来看他都毫不起眼，但他在这一代投资人中将成为佼佼者。

太多人将投资的重心放在现在能做什么，今年能做什么，或者明年能做什么上。

他们经常直接问："我可以得到的最高回报率是多少？"

但就像物种的进化一样，奇迹不会在瞬间发生。

如果了解复利背后的数学逻辑，你就会意识到，最重要的问题不是："我怎样才能获得最高回报率？"你应该问："在最长的一段时间内，我能维持的最高回报率是多少？"

微小的变化日积月累会引发巨大的变化。

一如既往。

接下来，我们将讨论自负的危害。

乐观与悲观

取得进步需要同时具备乐观主义心态和悲观主义心态。

人难以平衡乐观主义与悲观主义。

从理性层面看，悲观主义更具诱惑性，更引人关注。悲观主义对人类的生存至关重要，让人对潜在的风险未雨绸缪。

但乐观主义同样重要。无论是维持良好的关系，还是进行长期投资，即使情势不一定明朗，但相信事情可以变得更好，而且一定会变得更好，这种乐观的信念是成功最重要的因素之一。

要了解人思考问题的方式，关键要明白，同时具备乐观主义心态与悲观主义心态才能真正取得进步。

这两种心态看起来相互冲突，人也倾向于二选一，但懂得如何平衡二者，始终是人生最重要的一项技能。

最佳的理财计划是悲观地储蓄，乐观地投资。既相信明天会更好，又能认识到现实世界充满挫折、失落、意外与动荡。人类这种矛盾统一的心理在历史的长河中，在各个领域都有所体现。

———

美国国会资深参议员约翰·麦凯恩生前是越南战争中最著名的战俘。但是，在当年被俘的美军中，军衔最高的是海军上将詹姆斯·斯托克代尔。

斯托克代尔长期遭受严刑拷打。他担心自己受不了折磨而崩溃，为了避免泄露军事机密，他一度产生了自杀的念头。

在被释放几十年后，斯托克代尔在一次采访中被问及狱中的生活状态。[1]他反倒表示，其实当时他没有感到过度压抑，他一直相信自己能挺过去——一定会被释放，一定会与家人团聚。

这听起来很乐观，对吗？其实不然。

当被问到谁在战俘营的日子最痛苦时，斯托克代尔明确地说："当然是那些乐观的人。"

有些战俘一直告诉自己："圣诞节的时候我们就可以回家了。"但这些人的精神很快就崩溃了，因为圣诞节来了又去，他们依然还在战俘营中。斯托克代尔说："他们最终因内心崩溃而去世。"

他说，既要坚定不移地相信事情一定会变好，又要接受残酷的现实，在任何事情上，两者之间都需要一种平衡。对于越南战俘营中的美国官兵来说，那就是要相信事情最终会变好，但也要明白在圣诞节前回家是不现实的。

这就是平衡所在——乐观地梦想，悲观地计划。

这对矛盾虽然不符合常理，但只要运用得当，就会产生巨大的力量。

很多有趣的故事证明，人们在接受残酷现实的同时，也保持着乐观主义精神。

作家詹姆斯·特拉斯洛·亚当斯在其 1931 年出版的《美国史诗》(The Epic of America) 中提出了"美国梦"这一概念。[2]

这个时间节点很有意思，不是吗？1931 年，这是人们的梦想被彻底击碎的一年。

亚当斯写道："一个人只要努力工作，发挥自己的才能，学习必要的技能，就能够从底层社会走向上层社会，他的家族也会随之繁荣兴旺。"然而现实是，美国当年的失业率接近 25%，贫富差距更是接近有史以来的最高水平。

他又写道："美国梦就是每个公民都拥有更美好、更富裕、更幸福的生活。"然而，此时美国经济在大萧条中风雨飘摇，全美各地爆发了粮食暴动。

他还写道："男性与女性都能得到充分的发展，不再受旧文化中长期形成的阻碍的束缚。"然而，当时很多学校仍存在种族隔离，有些州要求公民通过识字测试才能参与投票。

纵观美国历史，美国梦的信念总是显得很虚幻，与人们所面对的现实完全不是一回事。

然而，在 1931 年美国的至暗时期，随着亚当斯的书风行一时，他提出的"美国梦"这一充满乐观主义情怀的概念一夜之间家喻户晓。

1931年，美国1/4人口失业，但他们没有丧失美国梦。股市暴跌89%，人们排队领取救济，他们也没有丧失美国梦。

美国梦之所以广受欢迎，或许就是因为当时的情况实在太糟糕了。你不必亲眼看见实现了美国梦才相信它。而且在1931年，你也无法目睹美国梦的实现。你只需要相信美国梦有可能实现，心中就可以豁然开朗，感觉有了希望。

我很喜欢心理学家洛朗·阿洛伊和琳恩·伊冯娜·艾布拉姆森提出的抑郁现实主义理论。该理论认为，抑郁的人对世界的看法更准确，因为他们更加现实地认识到人生的风险与脆弱。

与抑郁现实主义相反的是"快乐的无知"心态。我们很多人都有这个倾向。但是，我们并没有深受其害，因为这种感觉非常棒。正因为这种感觉不错，哪怕周围世界的客观条件十分糟糕，悲观主义盛行，我们也有动力保持清醒，继续前行。

1984年，简·波利采访了当时28岁的比尔·盖茨。[3] 波利说："有人称你为天才，我知道这可能会让你有点儿尴尬，但是……"

盖茨不动声色，没有表情，没有回应。

"好吧，我猜你不觉得尴尬。"波利有些不好意思地笑道。

盖茨依然没有任何反应。

他当然是天才,波利深知这一点。

盖茨在19岁那年从大学辍学开始创业,他希望每个家庭和每张办公桌上都有一台计算机。他做出这样的选择,必定是对自己的能力充满信心。微软联合创始人保罗·艾伦曾这样描述他与盖茨的初次见面:

你见到比尔·盖茨,很快可以看出他身上有三个特质:他聪慧过人;他争强好胜,乐于展示他的才华;他非常执着。[4]

但盖茨还有另一面,他表现得近乎偏执,这一面与他不可动摇的自信心似乎截然相反。

从创立微软的那天起,他就坚持在银行里留一笔现金,保证公司在没有营业收入的情况下能继续运转12个月。[5]

1995年,著名主持人查理·罗斯问盖茨为什么手头要留存这么多现金。他说,科技发展日新月异,没有哪家公司能给下一年的业务打包票,微软也不能。

2007年,盖茨反思说:

我手下的员工年龄都比我大,他们都有孩子,因此我总会担心:"要是公司没有营业收入了,我还能给他们付工资吗?"

在这里,乐观和自信夹杂着严重的悲观情绪。盖茨似乎明白一个道理:只有足够悲观,才能维系眼前的生存,才有机会成为长期的乐观主义者。

我们需要注意的是,乐观与悲观是可以共存的。

纯粹的乐观主义者认为世上的一切都很美好,而且会持续美好。他们把所有的消极情绪都视为性格缺陷。产生这种心理的部分原因是他们的自我情结:他们充满自信,无法想象有什么事情会出错。

纯粹的悲观主义者认为所有事情都很糟糕,而且会持续糟糕。他们把所有的积极情绪都视作性格缺陷。产生这种心理的部分原因是他们的自卑心理:他们对自己毫无信心,想象不到任何事情一帆风顺的样子。他们与纯粹的乐观主义者截然相反,但两者同样脱离现实。

两种心理同样危险。但如果你将乐观主义与悲观主义视为非此即彼的两种心理,似乎必须在两者之间做出选择,那么任何一方似乎都合乎逻辑。

二者保持平衡才是最佳心态,我称其为理性乐观主义者:他们承认历史发展的进程会不断出现问题、失望与挫折,但他们知道挫折不会阻断历史前进的洪流,因此仍然保持乐观。听起来他们像善变的伪君子,其实他们比其他人站得更高、看得更远。

无论在什么领域,从金融投资到职业生涯再到人际关系,关键都是在短期内要经受住困难的考验,只要坚持下去,你就一定

能长期获益。

悲观地储蓄，乐观地投资。

悲观地计划，乐观地梦想。

这些技能似乎相互矛盾。确实如此，直觉告诉我们，要么做乐观主义者，要么做悲观主义者。我们很难意识到，二者竟然有共存的时间和空间，二者可以共存，而且应该共存。我们所知道的所有长期成功的案例，都做到了平衡乐观主义与悲观主义。

有些企业会像乐观主义者那样冒着巨大的风险研发新产品，但又像悲观主义者那样惧怕短期债务，所以会持有大笔安全资金。

有的员工拒绝有利可图的机会，因为这可能会损害他们的声誉，从长远看，声誉更有价值。

投资也是如此。我在之前出版的《金钱心理学》一书中写道："与其说我想要丰厚的利润，不如说我想在财务上做到坚不可摧。如果能做到坚不可摧，我就能获得最大的利润，因为我的生意可以长盛不衰，我可以通过复利创造奇迹。"

历史教会我们，着眼于长期利益往往会得到丰厚的回报，着眼于短期利益则会自食恶果。我们需要学会协调二者，学会辩证地处理问题。如果做不到这一点，我们要么成为痛苦的悲观主义者，要么成为盲目的乐观主义者。

接下来，让我们讨论另一个不那么容易理解的话题：为什么越想做到完美，结果就会越糟糕？

完美陷阱

∞

小缺陷实则大优势。

人不愿意错过任何机会。无论追求什么，都尽可能提高效率，希望做到尽善尽美。这似乎很正确，是在将成功的机会最大化。

然而，追求完美有一个十分普遍却容易被忽视的缺陷。

───

生物进化意味着万物都会死亡。世界上 99% 的物种都已灭绝，而剩余的物种也终将走向灭亡。

世上没有能始终适应各种环境的完美物种。一个物种得以存在，是由于它拥有某些优势，而当它的劣势突然占据更大权重时，它便会走向灭亡。

一个世纪前，生物学家伊万·施马尔豪森描述过这一进化现象。[1] 在进化过程中，一个物种若在某一方面出类拔萃，那么在另一方面则会变得相对脆弱。[2] 体型庞大的狮子能够捕杀更多猎物，但它也容易成为猎人的目标。长势高大的树木能沐浴更多阳光，却更易遭受大风侵袭。物种的进化总是存在一些不完美。

完善一项生存技能常常以牺牲另一项对生存至关重要的技能为代价，因此，物种难以进化到完美的程度。狮子体型还可以更大，以捕获更多猎物；树木还可以长得更高，以沐浴更多阳光。但生物进化没有出现这样的结果，因为那样会适得其反。

所以，世间万物总有一些不完美。

自然界的法则是，让所有物种都具有足够优异而又未充分发挥潜力的特质。生物学家安东尼·布拉德肖表示，物种进化中的成功广受关注，但其失败同样重要。由于赋予生物一项完美的技能会损害另一项技能，理想的方案反而是限制它发挥最大的潜能。

生物进化用了38亿年的时间检验并证明：有些低效是有益的。

我们知道这是正确的。

所以我们应该多加关注。

许多人追求高效生活，争分夺秒。然而，有一种观点往往被低估，也未引起足够的重视，那就是浪费时间也有益处。

心理学家阿莫斯·特沃斯基曾说："做好研究工作的秘诀是为自己创造一些闲暇时光。如果吝啬那几个小时，你可能反而会荒废好几年。"

如果一位成功人士在日程表上留出空闲时间，什么都不做，他会感觉工作很低效。确实如此。因此，很多人不会闲下来。

然而，特沃斯基的观点是，如果你的工作是创造性的，需要思考复杂的问题，那么在公园闲逛或无聊地躺在沙发上的时间也许是你最宝贵的时光。偶尔的低效是一件好事。

我的每个同事度假回来都会说类似的话：

"现在我有时间思考了，我发现……"

"这几天我理清了思绪，我意识到……"

"在休假的这段时间，我想到了一个好点子……"

令人意想不到的是，闲暇时间的自由思考反倒让很多人完成了一些最重要的工作。问题在于，我们可能一年才休一回假，并没有意识到自由思考的时间是完成许多工作的关键因素，传统的工作安排也没有考虑到这一点。

并非所有工作都需要创造性或批判性思维。但是如果你从事这种性质的工作，那么花一些时间发挥奇思妙想，带着好奇心去探索，就能够更好地完成工作。这种方式看似偏离了工作计划，实则有助于解决工作中的棘手问题。

只是我们很难做到。因为在我们的观念中，一个标准的工作日应当是坐在办公桌前连续工作 8 小时，不受任何干扰。

如果你告诉老板，你发现了一个让工作更有创造性、更高效的诀窍，他会问那你还在等什么，赶紧开始吧。而如果你告诉他这个诀窍是在上班时间出去散步一个半小时，他可能会说不行，并让你继续工作。换句话说，许多人做着需要思考的工作，却没有太多时间思考。

《纽约时报》曾这样评价美国前国务卿乔治·舒尔茨：

他需要一个人独处一小时，只有这样他才有时间思考工作中的战略性问题。否则，他会不断地被拖入无休止的战术问题，而无法聚焦于事关国家利益的重大议题。[3]

阿尔伯特·爱因斯坦是这样说的：

我会花很长时间在海滩上散步，这样我便可以倾听头脑中的声音。如果我的工作进展不顺利，我就会停下工作躺下休息，望着天花板，展开联想和想象。

莫扎特也有同感：

每当乘坐马车旅行，或在餐后漫步，或夜不能寐的时候，我

总是才思泉涌。

这些都与斯坦福大学的一项研究相契合。该研究表明，散步能够提升 60% 的创造力。[4]

有人曾问查理·芒格，沃伦·巴菲特的成功秘诀是什么。他回答："我觉得是因为他有一半的时间都在阅读。"[5]这样，巴菲特就有很多时间思考问题。

如果你从事重复性或耗费体力的工作，传统的 8 小时工作制是合适的。但如果你从事的是大量且不断增多的"思考性工作"，过去的工作机制可能不适合你。

上午花两个小时待在家里思考一些重要问题，可能会更好。

或者，中午花一点儿时间散步，思考工作进展不顺利的原因。

或者，在下午 3 点离开办公室，花时间构想新的工作策略。

这不是说要减少工作量，恰恰相反：思考基本上从未停止，如果不安排时间进行思考、保持自己的好奇心，只是坐在办公桌前埋头工作，工作效率就会变得低下。这恰好与"工作狂文化"相反，"工作狂文化"打造繁忙的职场人设，认为忙碌才显得高尚。

纳西姆·塔勒布说过："我衡量一个人成功的唯一标准是，他利用多少闲暇时间进行工作畅想。"[6]在我看来，这不仅是衡量成功的标准，更是成功的关键。世界上所谓最高效的日程表，通常都是满满当当的，追求单位时间的产出，却牺牲了一个人天马行空的创意思维，干扰了他的奇思妙想。但事实上，这些因素才是成功的关键。

另一种"有益的低效"是企业的运营模式中存在的某些懈怠成分。

过去 20 年里，企业普遍采用即时生产管理系统，以高效运作为典范。这种生产方式的特点是：企业不大量存储生产所需的零部件，而是根据需求实时供应零部件来进行生产。然而，当新冠疫情来袭时，供应链断裂，几乎所有的制造商都陷入了零部件短缺的困境。

极具讽刺意味的是：在 2022 年这个有史以来消费最旺盛的时期之一，许多汽车企业不得不关闭工厂，因为它们缺少芯片、刹车片和油漆。它们没有容错空间。企业的目标是不容许出错，结果却适得其反。在整个供应链中，略微低效反而是最优选择。容错空间通常被视为一种成本，一种束缚，一种低效。但从长远来看，容错空间能够带来可以想象的最高回报。

投资领域同样如此。在牛市中，持有现金是一种低效行为，而在熊市中，现金却如同氧气般珍贵。利用杠杆能够最高效地实现资产最大化，但杠杆也最容易让人倾家荡产。集中投资是实现收益最大化的最佳途径，而多元化投资让企业有能力持续不断地获得收益。这样的例子不胜枚举。

如果对自己足够坦诚，你就会发现，保持些许低效才是最理想的状态。

金融分析领域也是如此。投资领域有一句话说得好：近似的正确胜过精确的错误。然而，在投资领域，人们的才智都用到哪里了呢？答案是追求精确——追求小数点后的位数，让人们误以为他们没有放过任何机会，而更多时候，他们没有给自己的分析留下任何容错空间。

进行长线投资当然是一件好事，因为经济长期向好的概率相当高。但是，如果你想精准测算出实现长期向好的路径，那显然是白费力气。

我认为自己的预测模型"还不错"。

我相信，随着时间的推移，问题会得到解决，生产效率会得到提高。

我相信，随着时间的推移，市场会将生产力提升所带来的收益分配给投资者。

我相信，很多人会过度自信，因此我知道，这个过程会有失误和意外，也会有繁荣和萧条。

以上预测模型虽然不算精准，但应该还不错。

你的预测若能这样简单，你就有更多时间和空间做其他事情。我喜欢研究持续不变的投资行为，但如果每天都热衷于预测下一季度的经济走势，我就没有时间研究这些了。几乎所有领域都是如此，越追求精确，关注全局问题的时间就越少。不是说我们无法进行预测，而是说如果把预测保留在"还不错"的水平，你就会有更多时间与资源提升其他方面的效率。

就如同进化一样，关键是意识到越追求完美，你就越容易受到伤害。

下一章我会讲述自己所知道的最疯狂的故事，一个极易被忽视的风险：走捷径的风险。

天下无易事

值得追求的事总是伴随着痛苦。
诀窍在于不要在意痛苦。

下面我分享的内容是关于走捷径的诱惑与危险。

很少有故事能像"当纳聚会"那样耸人听闻。[1]

1846 年,当纳家族率领 87 个人离开伊利诺伊州的斯普林菲尔德,前往加利福尼亚州。当时在他们眼里,加州遥不可及,却承载着他们发家致富的梦想和开启新生活的希望。

就算在最好的情况下,这段旅程也非常艰险,需要好几个月的时间,一路上可能会遭受美洲印第安人的攻击、疾病的侵袭以及恶劣天气的影响。

走了一半,当纳一行人因数月奔波开始感到筋疲力尽,于是他们听信了俄亥俄州探险家兰斯福德·黑斯廷斯的话,放弃广为人知的爱达荷州南部的老路线，而绕道今天的犹他州，希望缩短三四天的行程。

事实证明，黑斯廷斯错得离谱。这条所谓的"捷径"不仅比老路线更长，还更加艰险。他们要在盛夏的酷暑中穿越大盐湖沙漠。在那里，队伍几乎喝光了携带的水，牛也死了一大半，最糟糕的是，他们的旅程增加了一个月。

这种延误对他们来说无疑是灾难性的。

他们原计划在深秋时穿过太浩湖附近的内华达山脉，但现在已是隆冬时节。1847年的冬天是有史以来最寒冷的冬天之一。积雪厚度达到3～6米，队伍几乎不可能穿越这段雪地。因为当时队伍中还有81人，其中一半以上是未成年人。他们只能就地扎营，希望熬到冬天结束。不久之后，粮食不够了，很多人被饿死。

接下来，幸存者做了一件臭名昭著的事——吃人。

他们从尸体上割下肉，小心翼翼地贴上标签，以防有人吃到自己的家人。幸存者乔治亚·当纳当时年仅4岁，他回忆起那时的惨状，只记得当时被喂了一种奇怪的肉："父亲一直在流泪，一直没有看我们……没有别的了。"

请注意，这一切的起因是他们受到了一条捷径的诱惑。

━━

电影《阿拉伯的劳伦斯》中有这样一个场景，劳伦斯用手指掐灭了燃烧的火柴,面不改色。² 有个人看见了,也去尝试,结果痛得"哇哇"直叫。

"好痛!你有什么诀窍吗?"他问劳伦斯。

"诀窍就是忍受疼痛。"劳伦斯回答。

在必要的时候忍受痛苦,不要总想着有没有便车,有没有捷径。这是一项非常有用的生活技能。

我以前的一位同事曾聘用一名社交媒体顾问。在长达 3 个小时的培训中,顾问向我们展示了社交媒体上有哪些不同的话题标签,一天中哪个时段适合在推特上发帖,如何提高推文互动率,以及很多其他窍门。

顾问人很和善。但他没有提到最实用的社交媒体诀窍:如何写出读者想看的好作品。

那是因为写出好的作品并不是一蹴而就的,它是一个艰难的过程,需要花费大量的时间和精力。粗制滥造不可能写出好的作品。真正的好作品在社交媒体上的成功率接近 100%,但是其创作之艰辛,相当于高强度的体育训练。

在瘦身、金融以及营销等领域,人人都想走捷径。历来如此。但是我认为,随着技术的发展,人们对快出成果的要求越来越高,所以情况也越来越糟糕。

捷径具有诱惑力,因为捷径让人觉得成功好像是轻而易举的。但是,现实世界极少有捷径。

查理·芒格说过:"要得到你想要的东西,最可靠的方法就是让自己的努力配得上它。大道至简,这是一个黄金法则。你交付给别人的产品，应该是你站在对方角度也想购买的东西。"[3]

　　1990年，喜剧演员大卫·莱特曼问他的朋友杰瑞·宋飞，他的情景喜剧进展如何。[4]

　　宋飞说有件事让他很懊恼：美国全国广播公司（NBC）为喜剧节目招募了编剧团队，但他并未从他们那里得到多好的素材。

　　"如果他们都很优秀，那不是更奇怪吗？"大卫问道。

　　"你这话我不太懂……"宋飞说。

　　"你想想看，如果他们每天都能写出大量搞笑的段子，那不是很奇怪吗？"

　　回味着这番话，宋飞大笑，对大卫说："对！这本来就很难。"

　　这当然很难！杰瑞·宋飞和迈克尔·乔丹、塞雷娜·威廉姆斯等人之所以如此出名，是因为他们具有独一无二的才能。他们付出了常人难以想象的努力，才有了今天的成就，这正是我们对他们的钦佩之处。

　　《哈佛商业评论》杂志曾指出，杰瑞·宋飞后来终止《宋飞正传》的制作是因为编剧的创作枯竭了。[5]采访还问及，如果宋飞和节目联合制作人拉里·戴维使用麦肯锡这样的咨询公司来提升创作效率，他们是否可以避免创作枯竭，让节目继续做下去。

　　宋飞问，麦肯锡擅长创作喜剧吗？

　　杂志社回答，不擅长。

　　"那我就不需要他们啊。"宋飞说，"如果你的效率很高，你的方式肯定有问题。正确的方式永远充满困难。这个节目之所以能够成功，是因为我从每一个小细节进行了严格把控——每个词,每行对白,每次拍摄,每次剪辑,每次选角。"

如果你的效率很高,你的方式肯定有问题。

这话听起来似乎有违直觉,但我认为,它完美地诠释了走捷径的危险。

这需要我们了解成功的代价是什么。

亚马逊创始人杰夫·贝佐斯曾谈到热爱工作的真相:

如果你的工作中有一半让你感到愉悦,那就很了不起了。很少有人能做到这一点。

因为事实是,所有东西都有代价。这才是现实。任何一件事总会有你不喜欢的地方。

即使你是最高法院的法官,在工作中你也会有自己不喜欢的事情。即使你是大学教授,你也要去参加一些行政会议。可以说,每份工作都会有让人不喜欢的地方。

而且我们必须接受:凡事都有代价。[6]

凡事都有代价。

任何事物都是这样的。贝佐斯的建议同样适用于职场以外的很多事情。

一个非常简单又显而易见的道理是,有价值的事物从来都不是免费的,但人们常常忽略这一点。怎么可能是免费的呢?追求任何事物都要付出相应的代价,而代价又和潜在的回报成正比。

但大部分事情并不是明码标价的,而且你无法用现金支付。

值得追求的事物都以其他形式为代价，包括承受压力与不确定性、和脾性古怪的人打交道、应对官僚主义、面对与他人的利益冲突、忍受无休止的争论与无稽之谈、长时间工作，以及面临外界的不断质疑，等等。这都是取得成功要付出的代价。

在很多情况下，付出代价是值得的。但是你要意识到，代价必须付出，而且没有优惠券，产品还稀缺。

———

生活中容易忽略的一件事是，一定程度的低效不仅是无法避免的，而且是合理的。

美国作家史蒂文·普莱斯菲尔德用了30年时间完成并出版了《重返荣耀》。此前，他的职业生涯一片黯淡，为了节省房租，有一段时间他甚至住在中途之家（为帮助犯人和精神病人重返社会而设立的过渡训练所）。

他曾形容住在那里的人是他遇到的最有趣、最好玩的人。他说，在那里，他很快就意识到，这群人不疯不傻。相反，他们是"最聪明的人"，只是"看透了世间的荒谬"。因此，他们才无法适应这个世界。

"因为受不了世间的烦扰，所以他们无法保住工作。"普莱斯菲尔德说。[7]因为无法融入社会，所以他人认为他们是社会废柴。但事实上，他们是天才，只是无法忍受他人的烦扰。

这让我想起自己一直坚持的一个信念。

如果你认识到低效（也就是普莱斯菲尔德所说的"世间的荒谬"）无处不在，那么真正的问题并不是"如何避免低效"，而是"在混乱而不完美的世界里，我能承受多少低效并发挥出自己的作用"。

如果你的容忍度是零，换言之，你对不同观点、个人动机和情绪、效率低下以及沟通不畅等问题异常敏感，那么在任何需要他人参与的事情上，你都很难取得成功。就像普莱斯菲尔德所说，你将无法在这个世界上生存。但是，如果你的容忍度是另一个极端，也就是完全接受各种烦扰，这也行不通。那样，你会被世界吞噬。

还有一个容易被忽略的现象，当你想杜绝一件坏事时，情况反而变得更糟糕。我想大部分成功人士都认同，对一些不好的事情给予一定的包容比零容忍要好一些，比如商店里的盗窃问题。如果你为了杜绝偷窃对每位顾客进行搜身检查，那就不会有人愿意再去购物了。所以，商店一味坚持零失窃未必是最佳状态。要想改善，你就必须付出一定代价。

各种形式的低效也是同样的道理。

在做事的过程中，你需要想清楚你可以在多大程度上忍受各种烦扰。这是一项难能可贵的技能，它的作用经常被低估。

美国前总统富兰克林·罗斯福曾是世界上最强大的人，但因为下肢瘫痪，他连去卫生间都需要人协助。他曾说："如果你自己不能走路，你想要橙汁而别人拿给你牛奶，你要学会说'没关系'，然后把牛奶喝下去。"[8]

各行各业千差万别，但是一条普遍适用的规律就是，你得根据现实的要求，接受一些烦扰。

职场经常有各种烦扰，比如，形势不稳定、事情不顺心、办公室政治、同事难以相处、官僚作风等。这些都不好，但如果想做成一件事，你就要在一定程度上接受它们。

有些管理人员对烦扰采取零容忍的态度，认为这样才显得他们长于管理。他们说，我追求卓越。但这不现实。这样的人通常事业不会蓬勃发展。忍耐是在积蓄力量。从容面对各种荒诞不经，不是一种人格缺陷，而是一种包容烦扰的最佳境界。

经营企业也一样。我的朋友布伦特说，经营一家公司就像一边吃着玻璃一边被人打脸。"业务时常不顺利，人也容易因此情绪失控，一片混乱。"他把经营企业形象地比作上战场——每天早上醒来就要拿起武器，应对各种挑战，祈祷能平安回家。但解决这些烦扰才能赚到钱。"哪里有痛苦，哪里就有利润。"他经常提醒周围的人，学会接受合理范围的烦扰，甚至要拥抱它。

这样做的另一个好处是，一旦接受了一定程度的低效，你就不会再否认它的存在，你会对世界的运转规律有更清晰的认识。

有一次，我与一家公司的首席执行官乘坐同一航班出行。由于登机口换了两次，那位首席执行官大发雷霆，这让在场的所有人都知道了他是怎样一个人。我想知道：如果连这点儿小麻烦都忍受不了，他又是怎么走到今天这个位置的？最有可能的解释是，他习惯性地认为一切尽在他的掌控之中，拒绝接受超出控制范围的任何事情，对下属习惯于提出不切实际的精确要求，而下属只能以报喜不报忧的方式满足他的期待。

　　对于很多事情，一个好的经验法则就是明确代价，然后欣然买单。当然，在大多数情况下，代价就是忍受恰到好处的烦扰。

　　下一章要讲述一个残酷的事实：保持竞争优势比获得竞争优势更难。

永不停息

大多数竞争优势最终都会消失。

生物进化有着神奇的力量,其作用之一是让动物随着时间的推移体型变得越来越大。

19世纪的古生物学家爱德华·德克林·科普曾追踪了数千个物种的谱系,发现物种在进化过程中呈现出体型不断变大的趋势,这一发现被后人称为"科普法则"(还不足以被称为定律)。[1]

马从小狗一般大小变成了如今的体型,蛇从2.5厘米左右变成了现代的巨蟒,身长不到8厘米的恐龙变成了雷龙;而人类从数百万年前1.2米的成年平均身高变成了现在的身高。

这类进化不足为奇。体型较大的物种更善于捕捉猎物,完成长途迁徙,支持更大的脑容量。

问题在于，为什么进化没有让所有物种都变得庞大？

美国圣菲研究所的阿龙·克劳塞特和美国自然历史博物馆的道格拉斯·欧文两位科学家在一篇论文中对此做出了解释，并精辟地总结道："进化创造更大物种的趋势，与更大物种更易灭绝的趋势相互抵消。"[2]

生物学中的体型就像投资中的杠杆：杠杆放大收益，但也会放大损失。杠杆在一段时间内会正常运转，到了某个利益可观但损失能致命的节点，会发生重大反转。

以动物遭受伤害为例。大型动物往往非常脆弱。一只蚂蚁从自身高度 1.5 万倍的地方坠落完好无损，[3] 一只老鼠从自身高度 50 倍的地方坠落会骨折，一个人从自身高度 10 倍的地方坠落必然丧命，一头大象从自身高度两倍的地方坠落会像水球落地一样爆裂。

大型动物平均占地面积更大，因而在土地稀缺时就容易发生残酷的竞争。[4] 相较于小型动物，大型动物每单位体重所需食物更多，一旦发生饥荒就很容易灭绝。而且，大型动物不易藏匿，行动笨拙，繁殖缓慢。处在食物链顶端意味着通常无须适应环境，但是当适应在所难免时，就会受到不利影响。称霸自然界的生物往往体型巨大，但长久繁衍生息的生物往往体型较小。霸王龙、蟑螂和细菌的对比就是很好的例子（霸王龙＜蟑螂＜细菌）。

诡异之处就是，进化鼓励物种变得庞大，但大到一定程度又会对其施以惩罚。

各个领域的种种迹象都表明：竞争优势无法长期持续。

以美国最著名的企业之一西尔斯为例。

西尔斯的经验证明：获得竞争优势不易，但保持竞争优势更难。

假设你是一名电影编剧，需要构思一家最具竞争力的公司，映入你脑海的可能是 20 世纪 70 年代的西尔斯。

西尔斯曾是世界上最大的零售商，它的总部坐落在世界最高的摩天大楼里，员工人数也位居全球前列。

1983 年《纽约时报》描述西尔斯的文章写道："即使无人指引，你也能一眼认出西尔斯大厦。零售巨头绝非浪得虚名。"[5]

在零售业做得风生水起的西尔斯，于 20 世纪 70 年代和 80 年代开始涉足金融等领域。它旗下的知名公司有好事达保险公司、发现卡金融服务公司、添惠股票经纪公司和科威国际不动产。

西尔斯在各个领域叱咤风云，堪称那个时代的"亚马逊"。它不仅在零售业傲视群雄，在涉足其他行业的时候，也让竞争对手闻风丧胆。1974 年，《泰晤士报》曾有这样一段话：

> 美林董事长唐纳德·里根……昨日称，我们公司将致力于成为投资界的西尔斯。他说："必须尽可能提高效率，以降低消费者的成本。这是西尔斯的成功之道，也是我们应当牢记于心的规则。"[6]

然而，一切都灰飞烟灭。

随着收入差距日益加剧，廉价商品和奢侈品消费出现两极分化，西尔斯作为中端商品零售商，市场逐渐萎缩。沃尔玛和塔吉特两家更年轻、更具野心的零售商开始迅猛发展。

到 2010 年末，西尔斯已经成为一个空壳。我家附近的西尔斯门店外特意立了一块"正在营业"的牌子，好提醒那些已经把它忘得一干二净的顾客。

西尔斯丧失竞争优势的故事充满了戏剧性，却并不罕见。在很多方面，这是商业巨头盛极一时之后必然的结局。

上市标志着一家公司已经建立起足够的竞争优势，有潜力发展成大型企业。但 1980 年到 2014 年，近 40% 的上市公司市值缩水。[7] 曾经位列《财富》世界 500 强前十位的通用汽车、克莱斯勒、柯达和西尔斯最终破产。曾经名噪一时但最终衰败的企业更是俯拾即是，如通用电气、时代华纳、美国国际集团和摩托罗拉等。企业如此，国家亦如此。在人类历史的不同时期，亚洲、欧洲和中东地区都曾主宰过全球科技和经济进步。

当一个事物盛极一时后失去优势时，人们往往归咎于其领导者。但是，容易被忽略的是，拥有竞争优势时，多种力量的掣肘也会让你失去竞争优势。成功有其自身的重力约束。石油大亨托 T. 布恩·皮肯斯曾说："猴子爬得越高，屁股暴露得越多。"

五个重要因素会削弱竞争优势。

第一，成功会让人坚信自己不会犯错。这是一个致命的弱点，因为成功者会成为目标，竞争对手会紧随其后。规模助力成功，成功滋生狂妄，而狂妄是失败的开始。

第二，成功会带来业务规模的增长，一般通过企业策划来实现。大型组织与小型组织规模不同，成功策略必定不同。10年前业绩出色的投资基金经理在接下来的10年业绩平平，这样的故事不断上演，部分原因在于时运不济。但也要认识到，企业成功会吸引资金，而大型投资基金无法像小型投资基金那样灵活。这一点在职场中体现为"彼得原则"——业绩出色的员工会不断得到晋升，直到晋升至一个自身能力无法胜任的岗位，然后以失败告终。

第三个因素极具讽刺意味。人们通过努力工作获得竞争优势，目的是将来不必如此辛苦地工作。既然努力工作是为了达成目标，而目标一旦达成，你理所当然就会释放压力，就不会时刻紧绷神经。也就在这时，竞争对手悄然而至，事态也在发生变化。

第四，在一个时代有价值的技能，到了下个时代不一定有价值。你当然可以继续拼命工作，但如果你的技能不再重要，那就是一种损失。拥有一技之长很普遍，因为在经济繁荣时期，在某一领域拥有专长的人和企业往往收入最高。

第五，成功依赖于天时地利。人们常常在事后才发现，很多成功的背后就是运气，这让人感到谦卑而庆幸。

竞争优势无法长期保持，这是发展的基本规律。失去竞争优势并不意味着一定像西尔斯那样惨淡收场。英国失去了19世纪的经济和军事霸权，但20世纪的英国仍然是一个宜居的地方。

竞争优势往往是短暂的，通常是因为成功埋下了衰落的种子。

永不停息

进化生物学家利·范·瓦伦曾经提出一个大胆的理论，由于没有学术期刊愿意发表，他便自己创办期刊将其公之于众，这一理论最终成了公认的定律。

这样的想法违反直觉，但最终成为真理。它们最容易被忽视，也最值得被关注。

几十年来，科学家一直认为，一个物种在历史上存在的时间越长，它就越有可能继续存活下去，因为时间已经证明，它们具有长久存活的能力。长寿既是一种成功，也是一种预言。

20世纪70年代初，利·范·瓦伦开始证明这一传统观点是正确的，但他无法完成论证，因为数据根本不匹配。

于是他开始琢磨，进化是否就是一种残酷无情的力量，物种长寿纯粹是碰运气。数据分析更符合这一假想。

你或许认为，新生物种的生态位比较脆弱，因而容易灭绝（比如，在特定时期内灭绝的概率为10%），而原有物种已经证明了其存活实力（比如灭绝的概率仅为0.01%）。

但当利·范·瓦伦按照一个物种的存活时间绘制灭绝概率图时，趋势看起来更像一条直线。

部分物种随着时间的推移存活下来。但在不同的物种群中，无论是存活了1万年还是存活了1 000万年，灭绝的概率都大致相同。

1973年，利·范·瓦伦在其题为《一个新的进化定律》的论文中写道："一个生物分类灭绝的概率，实际上与其存活的时间无关。"

如果在罐子里放 1 000 个弹球，每年取出其中的 2%，20 年后仍会有一些弹球被留在罐子里。但是弹球被选中取出的概率每年都一样（2%），弹球并不会因为被留在罐子里而变得更好。

物种也是如此。有些物种可能活得很长久，但其存活概率并没有随着时间的推移而变高。

利·范·瓦伦认为，之所以会出现这种现象，主要是因为物种的竞争不像足球比赛，比赛的获胜者可以休息一下，而物种的竞争永远不会停止。[8] 某个物种一旦拥有了竞争对手不具有的优势，竞争对手就会立即进行改进。这堪称一场军备竞赛。

进化是一门关于优势的学问。利·范·瓦伦的观点很简单——没有永久的优势。每个物种都在疯狂竞争，没有哪个物种能在竞争中获得一劳永逸的优势，确保自身永不灭绝。

有些物种虽然在不断进化，但并不一定能进化出更强的适应能力，因为威胁其生存的因素也在发生变化。黑犀牛在历史上存活了 800 万年，最终因人类偷猎而灭绝。雷曼兄弟曾不断适应市场变化，历经 150 年繁荣和 33 次经济衰退，最终在抵押贷款的竞争中被对手打败，一代商业帝国轰然倒塌。

没有人永远安全。没有人可以停歇。

利·范·瓦伦称其为进化论中的"红皇后假说"。在《爱丽丝梦游仙境》中，爱丽丝不停地奔跑才能停留在原地并遇到红皇后：

不管跑得多快，周围的景物好像都始终保持原位。"难道所有东西都跟着我们在移动吗？"可怜的爱丽丝百思不得其解。红皇后似乎猜到了她的心思，对她放声喊道："加快速度！别说话！别停下！"

只有不停止奔跑才能保住原来的位置，这就是进化的真相。
当今生活中的大多数事情不都是如此吗？
商业？
产品？
事业？
国家？
人际关系？
统统如此。
进化是无情的。它不是通过向你展示什么是有效的，而是通过摧毁什么是无效的来教导你。

我们从中得到的启示是：如果一个时代的宠儿在下一个时代消亡，你不必感到惊讶。这种现象在历史上屡见不鲜，很少有企业、产品、音乐家、城市或作家能够数十年如一日地被铭记。而那些能够做到这一点的，像披头士乐队、李维斯牛仔裤、士力架、纽约市，都是极其罕见的例外。

另一个启示是：不要停止奔跑。没有什么竞争优势强大到可以让人一劳永逸，有些竞争优势看似强大，实则播撒下了灭亡的种子。

下一章我会谈谈为什么人们很难预测未来的奇迹。

未来的奇迹

> 人们总是感觉自己落后了,
> 常常低估新兴技术的潜力。

对于那些终将改变世界的新技术,人们的反应通常有这样一个过程:

- 我没听说过。
- 我听说过,但不太了解。
- 我了解,但不知道它有什么用。
- 我觉得有钱人会对它感兴趣,与我无关。
- 我用过,但只是玩玩。
- 它对我的用处越来越大。
- 我经常使用。

- 我无法想象没有它该怎么办。
- 过去没有它,日子到底是怎么过的?
- 它太强大了,得加以监管。

类似的事情不断上演。人们总是难以想象,一个小发明在未来会产生多大的能量。

———

历史上常有这种观点:过去的创新很伟大,未来创新的空间应该不会很大,因为容易的创新都已经实现了。

1908年1月12日,《华盛顿邮报》用一整版刊载了一篇文章——《美国思想者预测未来的奇迹》。[1]

文章讲到的一位思想者就是托马斯·爱迪生。

那时,爱迪生已经改变了世界,他就是那个时代的史蒂夫·乔布斯。

《华盛顿邮报》的编辑问道:"创新的时代正在过去吗?"

爱迪生重复对方的措辞:"正在过去?"他显然很诧异,编辑竟然会问出这个问题。他说:"怎么会过去?创新的时代还没开始呢。这就是我的回答。还有别的问题吗?"

"那么,你觉得未来50年,机械和科学的进步会像过去50年一样显著吗?"编辑继续发问。

"会更大,更显著。"他答道。

"那你觉得进步会发生在哪些领域呢？"

"所有领域。"

这不是盲目的乐观主义。爱迪生非常了解科学发明的过程。重大的创新不会一蹴而就，而是随着时间的推移，由一个个小创新凝聚而成。爱迪生不是伟大的规划师，而是一位成果丰硕的"修补匠"。他探索用不同的方法将众多小创新聚合在一起，相信小发明可以汇聚成意义重大的发明。

例如，爱迪生不是第一个发明电灯泡的人，他只是在他人研究的基础上做了巨大改进。1802 年——比爱迪生发明新型电灯泡早了 3/4 个世纪——英国发明家汉弗莱·戴维发明了一种用碳棒作为灯丝的电灯，叫作弧光灯。[2] 它和爱迪生发明的灯泡工作原理相似，但是弧光灯的光线过强，直视可能会让人失明，而且只能维持几分钟的照明时间，灯丝很快就被烧坏，因此极少得到使用。爱迪生的贡献在于，他改善了灯泡的亮度以及灯丝的使用寿命。这是一项巨大的突破，但这项突破建立在前人数十项看似意义不大的小突破的基础上。

正因如此，爱迪生对创新前景非常乐观。

他解释道：

你永远无法预料，一个小小的发现最终会带来什么影响。一有新的发现，马上就会有很多实验者和发明家对它进行各种各样的研究。

他举了一些例子：

以法拉第的铜盘实验为例，它看起来就像个科学玩具，对吧？但这个实验最终给我们带来了电车。或者以克鲁克斯的阴极射线管为例，它最初看起来仅仅是理论研究，但我们从中得到了X射线。今天，一大群实验人员正在努力工作，没人能预言他们的实验结果会带来什么影响。

"你问创新时代是不是结束了？"爱迪生反问，"为什么要这样问？我们还什么都不知道呢。"

当然，事实的确如此。

20世纪初飞机刚投入使用时，人们首先预测飞机能带来什么好处，其中两个比较明显的用途是邮件运输和飞行比赛。

没人预测到核电站，但没有飞机就不可能有核电站的诞生。

没有飞机就不会有航空炸弹，没有航空炸弹就不会有核弹，没有核弹，人类就不会发现核能的和平用途。

时至今日，同样的事情仍在不断上演。20世纪60年代，美国国防部的"阿帕网"计划把很多计算机连接起来，用于冷战期间的机密通信，这成为互联网的雏形。如果没有阿帕网，就不会有后来的谷歌地图、报税软件Turbo Tax、照片墙。从过去冷战的威胁到现在人们在沙发上报税，这样的联系放在50年前完全无法想象，但它的的确确发生了。

作家萨菲·巴赫尔指出，宝丽来即时成像胶片的发现源于一个偶然事件：当给患有寄生虫病的狗喂食奎宁进行治疗时，人们在它的尿液里发现了某种异常类型的晶体。后经证实，这种晶体是当时所发现的最佳偏振器材料。

谁能预测到这个结果呢？谁能想到发生的这一切呢？没有人，绝对没有。

脸书最开始只是大学生用来分享周末狂欢照片的平台。不到10年，它就成了国际政治中最有力的手段。同样，不可能有人有先见之明，想到两者之间的联系。

这就是为什么所有创新都难以预料，也容易被低估。从头到尾这个过程都太复杂了，而且以当下的工具和眼光去推断事情的走向，几乎是不可能的。此时此刻，也许有人正在发明或者发现最终会改变未来的东西，但是我们要等到很多年后才会知道。人们对新技术的认知一贯如此。

进化生物学里有一个理论是费希尔的自然选择基本定理。[3] 该定理认为变异就是力量，一个种群多样性越丰富，就越有可能产生可供进化选择的新特性。没人知道哪个特性是有用的，进化无法预测。但如果你创造出很多特性，有用的特性——不管是什么——总会在某个时候发挥作用。

创新也一样。很多时候，我们看到初创公司的工作或科学家的研究，会感觉他们的成效可能还不错，但远远不能和过去的成就相比。因为我们无法知道各种创新究竟会如何相互作用，并擦出新的火花，所以我们最容易把创新的黄金时代定格在过去，而忽视当前创新工作的潜力。

这里的一个启示是，人们时常觉得进步过于缓慢。在大多数时代，我们感觉 10 年、20 年似乎没有出现过有用的发明。而这只是因为，一项创新成果需要 10 年或 20 年才会显露出其用途。如果认识到进步需要一步一个脚印才能取得，你就会发现小小的创新像种子一样具有巨大的潜力，最终能积聚起翻天覆地的力量。

维萨创始人迪伊·霍克说："一本书远不止作者笔下的文字，还包括你在字里行间能读懂、能想象的一切。"新技术也是如此。每项新技术的价值都不仅仅在于它最初的应用，还在于其他拥有不同技能和不同视角的人在此基础上做出的衍生应用。

另一个启示是，人们很容易低估两件小事相互作用所产生的巨大能量。以自然界规律为例：从北方吹来一股冷空气不是什么大事，从南方吹来一股暖空气也许很舒适，但如果两者在密苏里州上空相遇，就会产生龙卷风。这就是"涌现效应"，它能够产生巨大的能量。新技术也是一样，一件平淡无奇的事加上另一件平淡无奇的事，可能会引发一件改变世界的事情。如果不了解指数增长的威力，你就很难理解这一点。这个道理同样适用于职场。如果一个人在合适的时间节点拥有多项看似普通的技能，他很可能会比拥有一技之长的人获得更大的成功。

1908 年 1 月 12 日，在《华盛顿邮报》发表爱迪生专栏文章的同一天，法国成功发送了第一条长距离无线电报。[4]

没有人能预见它最终会带来多少发明成果，包括在 100 多年后的今天，其中一项技术帮助我完成本书的书稿并将其发送给出版社。

这一点没有变过。

接下来我要讲一个故事，关于人如何善于掩饰他们的生活有多艰辛。

表面光鲜，背后辛酸

别人的草坪看似更绿，只是因为加了滤镜。

1963年，《生活》杂志采访詹姆斯·鲍德温，问他的灵感从何而来。鲍德温回答：

你认为你所经受的痛苦和不幸在世界历史上是前所未有的，然后你开始读书。阅读教会了我，正是那些最让我痛苦的事情，让我与所有活着或故去的人产生了共鸣。艺术家是书写人类情感的历史学家。[1]

这是一个深刻的洞察，但在我看来，他描述的现象并不常见。

大多数人不会透露自己心中的痛苦、恐惧和不安，也不会真实地表达自己是否幸福。人们很少会向他人袒露自己的缺点和失败。

人们对外展示的往往是自己光鲜的外表。

俗话说，外来的和尚会念经。这与《圣经》中"本地无先知"的说法有异曲同工之妙。虽然后者含义更丰富，但两者都传递了一个重要的观点：当对一个人的了解不够全面时，人们更容易相信他有过人之处。

当你拿自己的职业、生意或生活与他人做比较时，请牢记这一点。

有了一定阅历后我才领悟到：一切皆营销。是的，一切皆营销。有个常见的职场金句说：无论什么岗位，最终都指向营销。

这个道理其实适用于很多事情。

"一切皆营销"，意味着每个人都在精心塑造自己的形象，以便更好地向别人推销自己。虽然每个人推销自己的力度不同，但每个人都在有意识或无意识地塑造自己的形象。既然形象是塑造出来的，那么必然与实际有差异。滤镜会发挥作用，技能会被放大，缺点会被隐藏。

一位朋友曾向我抱怨，他所在的公司效率低下，运营有问题，沟通不到位，而竞争对手公司的情况要好得多，各方面安排有条不紊。我问他是怎么了解对方情况的，毕竟他没有在那里工作，也从未去过那家公司。他坦言，从外部看情况似乎就是如此。

但是从外部视角来看，几乎所有事情总是更好。

我敢保证，对方公司的员工同样能发现自己组织内部存在运营缺陷，正所谓"家家有本难见的经""自家事自家知"。人性之复杂、决策之艰难，只有亲身经历，特别是被生活毒打之后，你才能真正了解。企业家布伦特·贝希尔曾说："所有企业看似平稳运行的背后，其实都凶险无比。"企业就像一座冰山，可见部分只是冰山的一角。

企业如此，人亦如此。

在照片墙上，人们乐于发布在海滩度假的美照，而不是航班延误的尴尬照片。个人简历都凸显自己事业的光彩，却避而不谈内心的疑虑和隐忧。投资大师和商业巨头很容易被公众视为业界传奇，只因为人们对他们了解不多，无法看到他们的一些决策实际上平平无奇，甚至糟糕透顶。

当然，人有长短，树有高低。有些公司比其他公司运营更好，有些人比普通人更具洞察力，也有少数出类拔萃者。

但是，当一个人精心塑造其形象时，我们很难判断其真实面貌。我们觉得别人家的草坪看着更绿，往往是因为他们在拍照时加了滤镜。

偶尔我们也有机会了解一些真相。例如，沃伦·巴菲特的传记《滚雪球》披露，这位投资界最受尊敬的股神，家庭生活有时也不幸福，部分原因是他自己造成的，他把投资股票当成头等大事，从而影响了家庭生活。

比尔·盖茨和梅琳达·盖茨也是如此。在婚变消息传出前，他们的生活看起来就像童话般美满幸福。埃隆·马斯克在被问及经营特斯拉对其个人心理的影响时曾潸然泪下:"为此我确实付出了很大代价,根本没有时间和孩子们在一起,也没有时间见朋友。"[2]

很久以前,我一直有口吃的毛病。当我和认识多年的人聊到这件事时,他们常常会说:"我从来不知道你有这方面的问题。"这是善意的回答,但实际上凸显了我的问题。大家不知道我曾经口吃,是因为当感觉表达有困难时我往往会选择沉默。你永远不知道别人隐藏的内心挣扎。我时常思考,我认识的人中有多少人患有口吃但和我一样也掩饰起来了?还有多少其他类似的情况?抑郁、焦虑、恐惧症……人们内心无论如何挣扎,只要披上正常的外衣,种种问题都会变得隐而不见。

回到"冰山"的问题。大多数人大多数时候所看到的,只是实际发生的事情或者人们内心世界的一小部分,还是在剔除了所有辛酸的部分之后。

大多数事情看起来表面光鲜,实则背后辛酸!

这导致了如下一些情形:

只纠结于自己的痛苦却看不到他人的痛苦,很容易认为别人能力超群而自己一无是处。我们越是渲染成功人士具有什么超能力,其他人就越会对他们的成功望而却步:"我永远都做不到。"这是多么悲哀啊!如果人们明白,他们所崇拜的成功人士不过是正确把握机会的普通人,他们可能愿意尝试一下。

如果一个人的能力被高估,那么他在并不擅长的领域发表的观点也可能被高估，比如对冲基金经理的政治观点，或者政治人物的投资建议。只有充分了解一个人，你才会明白，如果你很优秀，最好的情况就是在某些事情上成为专家而不是样样精通。一个人的特殊才能应该受到赞扬，但不等于我们对他所有的想法都不能质疑。橘子好吃，但是不必连皮一起吃。

每个人都有不为外人道的难处，除非你对别人有深入的了解，否则就不可能知道。记住这一点，你就会对自己、对他人更加宽容。

接下来，我来解释一下为什么好人会做坏事。

动机的力量

动机疯狂，行为也会疯狂。
在动机的驱动下，
几乎任何事情都可以变得合情合理。

《华尔街日报》专栏作家贾森·茨威格曾说，成为一名专业作家有三种方法：

（1）对那些希望听谎话的人撒谎，你会发财。
（2）对那些渴望真相的人说实话，你能谋生。
（3）对那些希望听谎话的人说实话，你会破产。

这番话精妙地总结了动机的力量，也解释了为什么人们会做出一些荒唐的事情。

动机的力量

尼日利亚人阿基诺拉·博拉吉在 35 岁时已经在网上行骗 20 年，他冒充美国渔民，从容易上当的寡妇那里骗取钱财。

《纽约时报》对这名诈骗犯进行采访，问他对给无辜的受害者造成如此巨大的伤害有什么感触。他回答："我肯定是有良知的，但是极度的贫穷让我感受不到良心的折磨。"

当你吃不上饭的时候，很容易将欺诈他人的行为合理化。

说唱歌手 Notorious B.I.G.（声名狼藉先生）不经意间曾提到自己从四年级就开始贩毒。[1]

他解释说，他自小就对艺术很感兴趣。老师鼓励他成为一名艺术家，告诉他将来可以靠绘画谋生。于是他开始梦想成为一名商业广告设计师。

后来有一天，有人把他引入了贩毒的行当。他回忆说："哈哈，现在我还会想，商业艺术？！真是个笑话。我贩毒 20 分钟，就能赚到大把钞票。"

俄罗斯诗人叶夫根尼·叶夫图申科曾经猜测，在伽利略时代，应该有几位科学家相信地球围绕着太阳转。[2] "但他们还要养家糊口"，所以没有说出自己的主张。

这类极端案例说明，包括你我在内的所有人都免不了受到外界的影响，但我们往往不太愿意承认这一点。动机是世界上最强大的力量，强大到让人们会为任何事情找到理由。

如果了解动机的力量有多强大，你就不会对世界上的种种荒谬之事感到惊讶。"世界上有多少真正的疯子？"我的回答可能是："我不知道，3%到5%。"但问题改为，"如果动机足够强大，世界上会有多少人做出疯狂的事情？"那么我的回答是："很可能有50%，甚至更多。"

无论你掌握了多少信息和背景知识，最能让你信服的永远是你迫切希望成真或者需要成真的事。诺贝尔经济学奖得主丹尼尔·卡尼曼曾写道："发现别人的错误比发现自己的错误更容易。"动机的力量之所以强大，不仅在于动机影响了他人的决策，还在于我们对动机如何影响我们自己的决策视而不见。

本·富兰克林曾经写道："如果想说服他人，不要讲道理，最好投其所好。"动机会催生让人们把自己的行为合理化的故事，这会让他得到心理安慰，即便他们知道自己做的是错事，即便他们知道自己所相信的并非事实。

习惯研究专家詹姆斯·克利尔这样说："驱动行为的是动机，而非建议。"

――――

这里讲一个我朋友的真实故事。他原来是比萨外卖员，2005年开始从事次级抵押贷款业务。

一夜之间，他每天的收入就超过了送比萨一个月的工资。这完全改变了他的生活。

设身处地想一想，我朋友通过发放贷款，能让自己养家糊口。而且，如果他不放贷，别人也会去做，所以对此提出抗议或让他辞职不干似乎毫无意义。

在那个时候，大家都清楚次级抵押贷款就是一个笑话，都知道它总有一天要完蛋。要让我朋友这样境遇的人说"这不是长久之计，我还是辞职去送比萨吧"，这个要求实在太高了。实际上，对我们大多数人来说，这个要求都太高了。因此，我当时没有责怪他，现在也不会责怪他。

2008年金融危机期间，很多银行从业者遭了殃。但是，如果换成是我们，面对当时巨额回报的诱惑，恐怕我们也好不到哪里去。大多数人看不到自己的缺点。本杰明·富兰克林说过，恶习知道自己很丑陋，所以就藏在面具后面。

这条食物链上都是如此，从抵押经纪人到首席执行官、投资人、房地产评估师、房地产经纪人、炒房客、政客、央行银行家，大家都在同一艘船上，他们的动机让大家尽可能"不翻船"。所以，在市场变得难以为继时，每个人都在继续"划桨"。

有时候，行为和结果会变得更极端。

有一部关于墨西哥大毒枭华金·古斯曼·洛埃拉（绰号"矮子"）的纪录片，讲述了在墨西哥一个贫穷的小村庄，这个残暴血腥的贩毒集团头目竟然深受村民的喜爱和支持。他们愿意不惜一切代价保护他。其中一个人解释说：

村民穷得叮当响。矮子碰到村民，时常会停下来和他们聊天："最近怎么样？"有人会说："哦，我女儿要结婚了。"矮子会说:"这事交给我。"然后,他会提供场地,请乐队,提供酒水和食物,邀请镇子上所有人来参加婚礼。新娘的父亲说:"矮子帮我们把事办成了。"³

在这些情况下,因为动机很强大,本来善良的老实人最终会支持或者加入恶行。除了经济动机,还有文化和群体动机。人有时支持某些事情,是因为他们不想辜负自己所属群体的期望,或者不想被所属群体抛弃。很多人可以抵制经济动机的影响,但是文化和群体动机具有更强的诱惑力。

最强大的动机是,人希望只听到自己想听的,只看到自己想看的。

1997年,一个叫"天堂之门"的邪教组织认为,有一艘宇宙飞船跟随一颗彗星正朝着地球飞来,它将接走真正的信徒,带他们去天堂。

几个邪教组织成员出资购买了一架高倍望远镜,想亲眼看看那艘宇宙飞船。

他们在天上找到了那颗彗星,却没看到后面有飞船。

于是,他们把望远镜拿回商店,要求退款。商店经理问他们出了什么问题。他们说,望远镜肯定是坏的,因为他们没有看到宇宙飞船。⁴

纵观历史,此类情况不胜枚举,人们只相信自己愿意相信的事。

不仅仅是邪教组织成员会这样。

当有动机驱动时，你很难做到完全客观。

1923 年，亨利·卢斯想创办一份名为《事实》的杂志，仅报道客观真实的事情。但他很快意识到，这比想象中要难得多。于是，他将其杂志命名为《时代周刊》，旨在通过简洁的报道为读者节省时间，这是作为出版商所能提供的最大价值。卢斯曾说："你告诉我谁是自以为客观的人，我会揭露他是如何自欺欺人的。"[5]

这个道理适用于很多领域，尤其是需要付费获取专家意见的服务行业。知道什么是正确的事情，与依靠自认为正确的事情谋生，是两回事。

这种情况在投资、法律和医学领域最常见。在这些领域，"不作为"是最好的策略，但"做点儿什么"能有助于职业发展。[6]

有时这样做不道德，但也可能是一种无害的"明哲保身"。在很多情况下，我认为顾问如果直接跟客户说，"我们目前什么都不需要做"，他们会感觉自己没起到什么作用。为了体现自己的作用，他们会增加问题的复杂性，即便这样做没有必要，甚至会适得其反。

几年前，乔恩·斯图尔特采访了投资人兼 CNBC（美国消费者新闻与商业频道）主持人吉姆·克拉默。斯图尔特问为什么 CNBC 出现了很多自相矛盾、空洞无物的内容，克拉默回答："你想想，我们每天要做 17 个小时的直播节目。"斯图尔特反问："也许你们可以缩短直播时间。"[7] 他说得没错。但如果你从事的是电视行业，你就不能缩短直播时间。

一位医生曾告诉我，医学院有一项最重要的内容没有教给学生——医学和当医生是两回事。医学是一门生物科学，而成为医生需要一系列社交技能，包括管理预期、了解保险体系、有效沟通等等。

有三件事很重要。

当诚实良善之人因个人动机做出疯狂之举时，世界陷入混乱的可能性会被低估。

从战争到经济衰退，从欺诈到企业倒闭再到市场泡沫，这一切都比人们想象的发生得更频繁，因为在一些动机的刺激下，有些人会丧失道德底线。

反之，当个人动机与社会进步同向时，人们更有可能积德行善、发挥才能、成就事业。

极端是常态。

不可持续的事物持续的时间可能比你预期的更长久。

动机可以让那些疯狂、不可持续的趋势持续的时间超出合理范围，因为社会和经济因素会妨碍人们及早接受真相。

反问自己："如果受到不同动机的驱使，我现在的哪些观点会发生改变？"

如果你的回答是"都不会改变",那么你很可能已被某个动机彻底征服,只是你还被蒙在鼓里。

――――

谈到说服力,我们不妨讨论一个相关的观点:没有什么能比自己亲身经历的事情更有说服力了。

躬行出真知

∞

亲身经历更具说服力。

亲身经历更具说服力。你可以在读书和学习中产生共鸣，但只有亲身经历了，你才真正知道自己想做什么，想要什么，愿意为之付出多少汗水与精力。

美国前总统哈里·杜鲁门曾说：

人总是无法从上一代人身上吸取经验，直到碰得头破血流……我一直感到很困惑，为什么人们总是无法从前人的经历中获益，总是要被现实敲打才能有所领悟。

纵观历史，人的喜好变幻无常，在面对极端变化时总是措手不及，直到亲身经历后才有所领悟。

———

美国经济大萧条之所以备受关注，不仅仅是因为经济大崩溃，还因为人们的观念在短时间内经历了剧烈变化。

1928年，赫伯特·胡佛以444张选举人票的压倒性优势，赢得了美国总统大选。而在1932年，他仅获得59张选举人票，一败涂地。

随后，翻天覆地的变化发生了。

金本位制一去不复返，持有黄金成了非法行为。

公共工程建设激增。

在此前的数十年里，由纳税人出资的养老金保险计划毫无进展，在一战后最激进的一次倡议活动中，许多支持者在国会大厦前的草坪被逮捕。而大萧条的到来触发了巨大的改变，以前不被重视的主张突然得到人们的普遍认可。1935年，众议院以372票对33票、参议院以77票对6票通过了《社会保障法》。

另一方面，据说当时的商业大亨对富兰克林·罗斯福非常不满，企图让退役海军陆战队少将史沫特莱·巴特勒[1]发动政变，成为独裁者，这与当时席卷欧洲的法西斯运动颇为相似。[2]

如果人们暖衣饱食，工作稳定，这样的事情自然不会发生。但如果生活受挫，希望落空，梦想渺茫，人们可能就会觉得："之前听过的那个不可思议的想法是什么？或许真该试试。其他办法都不起作用，不妨试试那个。"

喜剧演员特雷弗·诺亚在谈到南非种族隔离制度时说："如果能在绝望与恐惧之间找到平衡点，你就能让人们做任何事情。"[3]

若没有亲历风险、恐惧乃至绝望，你就很难理解这一点，也很难想象自己会如何应对。

这种情况在20世纪30年代的德国体现得尤为突出。当时，在经济大萧条来临前，德国出现了灾难性通货膨胀，德国马克变得一文不值。

《我们所知道的》（What We Knew）[4]一书中记录了二战结束后对德国民众的采访，采访者试图弄清楚当时最先进、最文明的社会为何会急转直下，犯下人类历史上最可怕的暴行：

采访者：采访刚开始时您说，大多数成年人都很欢迎希特勒的举措。

德国民众：没错，显而易见。1923年我们经历了通货膨胀……当时（货币）膨胀了1万亿倍。随后希特勒上台，提出了新想法。对大多数人来说，这的确是更好的选择。失业多年的人重新找到了工作，于是人们都开始支持这一制度。

当你深陷泥潭的时候，有人拉了你一把，让你过上更好的生活，你肯定会支持对方。难道人们会说："那都是胡说八道，我不同意。"不，肯定不会那么说。

再以诗人瓦拉姆·沙拉莫夫为例。[5]他曾在苏联古拉格劳改营关押了 15 年。他写道，在压力与不确定性的笼罩下，正常人很快就会崩溃。即使是一个善良、诚实、有爱心的人，倘若被剥夺了基本生活所需，为了生存，过不了多久他也会成为面目狰狞的恶魔。沙拉莫夫写道，在高压之下，"不出 3 周，人就会变得跟野兽一样"。

美国历史学家斯蒂芬·安布罗斯在对二战士兵的记录中写道，他们在离开新兵训练营时踌躇满志，迫切希望奔赴前线，投身战斗。到了上战场打仗，一切都变了。

安布罗斯写道："战前训练无法让士兵为实战做好准备。"[6] 战前训练可以教会士兵如何开枪射击，如何执行指令，但"无法教会他们如何在枪林弹雨的战场上绝处逢生"。只有上了战场亲身经历，你才会深刻领悟。

这些都是最极端的真实案例。但在压力之下，人们能够很快接受他们在其他情况下永远不会接受的想法和目标，这在历史上比比皆是。

就以二战后美国高达 94% 的税率为例。低税率是 20 世纪 20 年代最受欢迎的经济政策，任何增税的建议都遭到排斥。然而，大萧条与战争的双重打击改变了一切。1943 年，富兰克林·罗斯福将年收入限制在 40 万美元的水平，高于这个水平的收入被征收 94% 的税。在次年的大选中，他以压倒性优势再次当选美国总统。

20 世纪 80 年代的里根革命也是如此。1964 年，近 80% 的美国民众对政府高度信任。[7] 然而，20 世纪 70 年代开始了长期滞胀。

连年的高通胀与高失业让美国民众已经准备好从一个政客口中听到，政府不但没有解决问题，反而成了问题的根源。

这里最重要的启示是，5 年或 10 年后会推行什么政策，我们无从得知。当突然陷入困境时，人们在顺境中无法想象的思想和行为就变得合理。

个人观点也会落入同样的陷阱。投资中有句话："在别人恐惧的时候贪婪。"这句话说起来容易做起来难，因为人们低估了市场崩溃时，他们的想法和目标会产生多大的变化。

当经济衰退时，你或许会接受曾经认为不可思议的观点和目标，因为在此期间，发生变化的不仅仅是资产价格。

想象一下，假设股价下跌 30%，你会有何反应？你大概只会觉得，除了股价下跌，世界上的其他事情一切如常。

然而，这并不是真实世界的运行规律。

经济衰退不会孤立发生，股价之所以会下跌 30%，可能是因为很多人、公司和政客把事情搞砸了，这可能会削弱你对经济复苏的信心。因此，你可能会把投资重心由增长转为保值。在经济蓬勃发展时期，我们很难理解这种心理转变。很多人认同巴菲特"在别人恐惧的时候贪婪"的名言，却不见得真正付诸行动。

这一观念同样适用于企业经营、职业发展和人际关系。当身处困境时，人们的思想和行为是顺境时无法想象的。

关于在学校里究竟是谁在教育孩子，喜剧演员克里斯·洛克曾开玩笑说："一半功劳归老师，另一半功劳归校园恶霸。学会应对别人的欺凌与压迫，是踏入社会后你真正会用到的经验之一。"[8]这是关于风险与不确定性的真实体验,只有亲历了你才能理解。

请谨记,这个道理也适用于乐观的情况。只有亲身经历了,人们才知道自己会如何应对意外之财或从天而降的好运。

登上月球是人类有史以来最伟大的壮举。

你一定觉得这样的经历会让人异常激动、难以自持。但是,当宇宙飞船在月球上空盘旋时,宇航员迈克尔·科林斯转身对同伴尼尔·阿姆斯特朗和巴兹·奥尔德林说:

人能这么快适应这一切真是神奇。看着月球从身边经过,我竟然一点儿奇怪的感觉都没有,你能想象吗?[9]

3个月后,宇航员阿尔·比恩乘坐"阿波罗12号"登上月球。在月球上漫步时,他转身对同事皮特·康拉德说:"这有点儿像一首歌里唱的:这就是所有吗?"康拉德松了口气,因为他也有同样的感觉,尽管漫步月球是个壮举,但他没有那种经历重大时刻的感受。

人们的期望变化莫测,目标更是瞬息万变,超乎想象。科林斯曾这样评价奥尔德林:"我想,他作为第二个登上月球的人固然感到激动,但更多是对未能成为登月第一人感到气愤。"

有没有人在获得巨大成功后,会像外界期望的那样满怀喜悦?这样的人我没有遇到过,也没有听说过。但这并不是说成功无法带来自豪感、满足感或成就感,只是这与你在成功之前的想象有很大的差距。

演员金·凯瑞曾说:"我认为应该让每个人都功成名就,实现梦想,这样他们就会明白,这并不是他们所追寻的目标。"

这与很难预测自己如何应对风险是同一个道理:在亲身经历之前,你很难想象事情的全貌。

你可以想象自己在未来住进了全新的豪宅,想象自己身在富丽堂皇的新家中,生活无比惬意。但人很容易忘记,住在豪宅里也会得流感,也会得牛皮癣,也会官司缠身,也会与配偶争吵,也会因缺乏安全感而备受煎熬,也会因政客的言论而愤怒,这些烦恼随时都可能淹没物质成功带来的喜悦。人总是凭空想象未来的命运,而现实世界总是好坏参半,两者竞相争夺人们的注意力。

对很多事情的发展,你或许自认为了然于胸。只有亲身经历了,你才会幡然醒悟,现实比想象的要复杂得多。

亲身经历才有说服力。

下一章,我们来谈谈长期主义。

长期主义

∞

说"我要做长远打算",有点儿像站在珠穆朗玛峰脚下,指着山顶说"那是我心之所向"。
听起来不错,但真正的考验在后头。

任何事都无法让我们分开。我们的婚姻还能持续10年。
——伊丽莎白·泰勒在提起离婚诉讼前5天说的话

长期主义知易行难。众所周知,无论在投资、职场还是在人际关系中,只要是存在复利效应的领域,秉承长期主义都是正确的策略。但是,说出一句"我要做长远打算",有点儿像站在珠穆朗玛峰脚下,指着山顶说"那是我心之所向"。听起来不错,但真正的考验在后头。

秉承长期主义比大多数人想象的要难,正因如此,践行长期主义比人们想象的更有益处。

任何有价值的事物都需要付出代价，然而代价并非总是显而易见。长期主义所需付出的代价，如必要的技能、稳定的心态等，很容易被低估。而且，长期主义经常被简单地概括为"要更有耐心"之类的话，这解释不了为什么有那么多人不能践行长期主义。

若想有效践行长期主义，必须明白以下几点。

长期由诸多必须经历的短期组成。

把做成一件事的时间跨度定为 10 年，并不意味你能免于 10 年间发生的各种麻烦事。每个人都必须经历经济衰退、股市暴跌、市场崩盘、意外事件等等。

因此，不要以为践行长期主义就不需要处理短期麻烦，而要自问："我怎样才能忍受无休止的麻烦事？"

长期主义就像具有欺骗性质的"安全毯"，人们误以为他们可以回避令人痛苦和难以预测的短期问题。然而事实并非如此，甚至恰恰相反——时间越长，痛苦和磨难就越多。棒球运动员丹·奎森伯里说过："未来与现在非常相似，只是时间更长。"

处理这一现实问题需要保持定力，而这很容易被忽视。

只有你坚持长期主义还远远不够，你的合作伙伴、同事、伴侣、朋友也需要坚持长期主义。

如果一位投资经理目前的投资亏损率已达到40%，他可以告诉投资人："没关系，我们看的是长期结果。"他自己对此深信不疑，但是投资人可能不会相信，他们可能会撤资。这会导致公司无法生存。然后，即使投资经理最终被证明是对的，那也没什么用了，因为没有人从其长远决策中受益。

类似的情形也会发生在亲密关系中——你有勇气坚持到底，但是你的伴侣希望放弃。

又比如，你有一个很好的理念有待时间检验，但是你的上司和同事没有耐心等待结果。

这些情形并非个例，在生活中俯拾即是。

问题主要在于，你所信奉的理念与你能够说服别人信奉的理念之间存在差距。

人们讥讽金融行业中的短视思维，这实属应当。但我也知道，很多金融从业者追求短期效益，因为很多客户一有风吹草动就想撤离，所以"短视"成为经营企业的唯一选择。但是，客户想要撤离常常是因为投资人没能与客户就很多重要问题做好沟通，比如投资机制、投资战略、投资预期、如何应对不可避免的波动与周期性等。

最终正确是一回事。但你能最终正确并说服周围的人吗？这二者完全不同，而且很容易被忽视。

耐心坚守不是固执己见。

世界千变万化，适时调整自身的想法不仅有用，而且至关重要。

但是改变自身的想法十分困难，因为欺骗自己相信一个谎言比承认一个错误要容易得多。

对于那些已经犯错但又不想改正的人，长期主义思维成了他们的遮羞布。对于那些过去正确但已不合时宜的事情，他们不愿放手，只是习惯于说"我只是早了一步"，或者"其他人都太离谱了"。

真正践行长期主义需要辨别，到底是耐心坚守还是固执己见。这并非易事，唯一的办法就是洞察你所在行业中少数几个永恒不变的规律，然后认识到其他事情都需要不断更新和调整。少数（实际上是极少数）不变的事物才适合作为长期主义的思考对象。除此之外，其他都有时效性。

长期主义强调时间跨度，更强调灵活变通。

如果你在 2010 年说"我有个 10 年长期规划"，那么实现目标的时间是 2020 年。而到了 2020 年，全球经济却崩溃了。这时，企业或投资者如果还假定长期坚守能给自己带来丰厚的回报，那就不合时宜了。

有明确期限的长期规划与短期规划一样取决于运气。

灵活变通更胜一筹。

时间具有复利魔力，其重要性不容小觑。若你将时间跨度设定为弹性的目标期限或者不确定的时间范围，成功概率会大大提升。

本杰明·格雷厄姆说过："安全边际的目的在于让预测变得不再必要。"越灵活，就越不需要知道接下来会发生什么。

还有，不要忘记约翰·梅纳德·凯恩斯的话："从长远来看，我们都会死亡。"

——

关于长期主义的另一个重点是，它对我们获取信息的影响。

阅读的时候我经常问自己：一年后我还会在意这个吗？10年后呢？80年后呢？

如果你的答案现在或时常都是否定的，那也没关系。但是，如果对自己坦诚，你就应当重视那些长效的信息。

信息有两种：一种是永久性的，另一种是有时效性的。

永久性信息是："人们在遭遇没有预料的风险时会如何应对？"有时效性的信息是："微软公司2005年第二季度的利润是多少？"。

有时效性的信息引起了更多关注，原因有两个。

其一，有时效性的信息大量存在，吸引了人们短时间内的关注。

其二，人类追逐有时效性的信息，企图在其失效前洞察一些真知灼见。

永久性信息很难被察觉，因为这种信息往往蕴藏在书本之中，而不是展现在爆炸性头条新闻里。永久性信息能够带来巨大的益处。它不只是永不过期，还可以不断积累。随着时间的推移，它会让你已经学到的知识产生复利。有时效性的信息能够告诉你发生了什么事，而永久性信息能够让你知道某事为什么发生、为什么会继续发生。这里的"为什么"又能够转化，与你掌握的其他内容相互作用，由此产生复利效应。

我每天都读书看报。我现在不记得过去，比如 2011 年在报纸上读过的新闻，但是我能详细地给你讲述我在 2011 年读过的一些好书，以及它们如何改变了我的思维方式。这些书已经成为我永恒的记忆。我会坚持看报纸，但如果读更多的书，我会更好地培养自己过滤信息的能力，建立分析问题的思维框架，从而更透彻地理解报纸中的新闻。

关键不是应该少看新闻多读书，而是应当认识到，读好书能让我们更清晰地理解新闻中哪些信息重要，哪些信息不重要。

下一章会讲到，有时候太努力会适得其反。

舍繁求简

挑战难题没有附加分。

我们来谈谈人类行为中的一个奇怪现象：钟爱复杂性和挑战性，轻视简单有效，而偏爱复杂低效。

———

2013 年，时任美国国家癌症研究所所长哈罗德·瓦尔姆斯发表了一篇演讲，讲述人类抗癌的艰难。1971 年签署的《国家癌症法案》将根除癌症作为目标，但是实现目标遥不可及。瓦尔姆斯说：

一如既往

我们现在必须坦诚面对一个悖论：尽管我们在了解癌细胞的致命弱点方面已经取得了非凡的进步，但我们对人类癌症的控制仍未达到应有的水平。[1]

他指出，最大的问题是我们过于重视癌症治疗，而忽视了癌症预防。如果想在抗癌战争中取得重大进展，我们就必须把预防作为首要任务。

但是，相较于癌症治疗的科学性和威望，预防工作显得平淡乏味。即使大家都知道预防的重要性，但让才华出众的专业人士把预防工作提到重要位置也是件难事。

麻省理工学院癌症研究员罗伯特·温伯格曾经这样描述：如果没有得癌症，你自然不会死于癌症。这样一个简单的事实却常常被人们忽视，就因为它对人的心智不具有挑战性。[2]

劝说别人戒烟是一种心理活动，与分子、基因和细胞研究无关。因此，像我这样的人对劝人戒烟一点儿都不感兴趣。

即便如此，温伯格也认为，劝导人们戒烟对抗击癌症有积极影响，甚至超过他作为生物学家一生的贡献。

简直难以置信，对吧？

你听到一位世界顶尖的癌症专家说，他如果专注于帮助民众戒烟，就可以更好地推进抗癌工作，但以他的学识来说，这种挑战性太低，或许对许多科学家来说也是如此。

在此我并不怪温伯格，他已经为抗癌事业做出了巨大的贡献。

但是，我想用这个例子说明，有时候本来可以用简单的方式取得更好的结果，人们却追求脑力挑战的刺激而青睐复杂问题。

我告诉你，这种重大教训在各个领域都屡见不鲜。

———

荷兰计算机科学家艾兹格·迪科斯彻曾经写道：

我们应该清楚，简单是真理的标志，但有挑战性的复杂问题对人们仍然具有近乎病态的吸引力。当你给学术团体做了一场通俗易懂的讲座时，他们会觉得被骗了……一个令人痛心的事实是，复杂的东西更受人们欢迎。[3]

一个令人痛心的事实是，复杂的东西更受人们欢迎。

确实如此，这样的例子随处可见。

举一个简单的例子，《美利坚合众国宪法》只有 7 591 个单词。对比一下，抵押贷款合同一般来说有 1.5 万多个单词，苹果的云存储服务协议只有 7 314 个单词，而《美国联邦税法典》超过 1 100 万个单词。

有时候，充分考虑各种因素是必要的。二战后，当同盟国开会讨论如何处置德国时，丘吉尔指出："我们的决定关乎 8 000 万人的命运，因此我们需要远远不止 80 分钟来考虑。"

但大多数情况下，几个简单的变量决定着大多数问题的结果。如果你已经考虑到几个重要的变量，那就行了。之后添加的因素往往是不必要的，它们要么是诱导你去挑战难题，白白浪费时间，要么是为了迷惑你或给你留下深刻的印象。

大自然已经展示了这一规律。

19 世纪古生物学家塞缪尔·威利斯顿首先注意到生物进化过程中身体部位减少的趋势。原始动物通常具有多个重复的身体部位，随着它们的进化，这些部位的数量会减少，但实用性会增加。1914 年，威利斯顿写道："在进化过程中，身体部位的数量会减少，但那些留下来的部位会通过增大或改变形状和结构，使其功能进一步增强。"[4]

拥有数百颗牙齿的动物通常会进化出一定数量的门齿、犬齿以及臼齿，各司其职。数十块颚骨融合成两块大颚骨。[5] 头骨最初由数百块小骨头组成，进化后通常不到 30 块。

进化追求简单化。想象一下，倘若进化能说话，它会说："没用的东西都给我清理掉，只保留几样必不可少的，让它们发挥最大的作用。"

理解复杂问题的方法是认识到，有多少复杂的细节其实是某个简单事物的变形。约翰·里德在其《走向成功》(*Succeeding*) 一书中写道：

当你刚开始研究一个领域时，你感觉有无数的东西需要记忆。其实并非如此。你要做的是识别能够统领这个领域的核心法则——通常是 3~12 条。当初你认为必须记住的数百万件事，只是核心原则的不同组合。[6]

这一点至关重要。比如，在理财方面量入为出，把结余存起来，并保持耐心，这大概总结了 90% 你对理财所需的认知。但是大学里教什么呢？教如何为衍生品定价并计算净现值。再比如，保持健康最重要的是保证 8 小时充足睡眠，多运动，吃天然食品，饮食适量。但是受大众追捧的是什么呢？五花八门的营养品、养生妙招和药物。

马克·吐温认为，孩子们给我们提供了最有趣的信息："因为他们只说自己知道的，说完就住嘴。"但成年人往往失去了这项技能，更多是一些花里胡哨的假把式。美国作家斯蒂芬·金在他的作品《写作这回事》中说：

因为大多数书总是废话连篇，所以这本书写得很简短。我认为，书越简短废话就越少。[7]

诗歌就是简短的典范。

那么问题来了：为什么本来可以简单明了的事，却偏要追求冗长复杂？

有以下几个原因。

追求复杂性让人心里踏实并拥有掌控感,而简单容易被误认为茫然无知。

在很多领域,少数几个变量基本上决定了结果。但仅仅关注这几个变量,你会觉得有些听天由命。然而,当你掌控了很多变量,比如拥有数百个电子表格或借助大数据分析时,主观上你会感觉自己增加了很多信息,认为一切尽在掌控之中。

另一方面,如果只关注少数几个变量,忽视大部分变量,可能会显得你很无知。如果客户问:"这里怎么了?这是怎么回事?"而你回答:"哦,不知道,我甚至都没关注这一点。"这听起来更像是你还没弄懂,而不是你掌握了大道至简的真谛。

不懂的人会认为懂的人高深莫测。

如果你说的事情我不知道但能理解,我会觉得你很聪明。如果你说的事情我根本无法理解,我会感到你在那个领域造诣很深,自己望尘莫及,于是对你钦佩有加。如果你在某个领域掌握的知识我一窍不通,我会感到你的学问深不可测,因此会对你所说的一切深信不疑。

长度常常是作者努力程度和深思熟虑的唯一标志。

单一主题的典型非虚构类著作一般有 250 页左右,约 6.5 万个单词。

有趣的是，普通读者一般不会读完自己买的大部分书。即使是畅销书，他们往往读几十页就放弃了。[8]因此，篇幅长不仅仅是为了提供更多素材。

在我看来，一本书的长度可以表明作者比你花费了更多时间来思考某个主题，作者可能提出了一些你没有想到的见解。但这并不意味着他们的见解一定正确。你可能读完前两章就明白了作者的见解，而第三章至第十六章的目的往往是表明作者做了很多工作，开头两章提出的见解一定言之有理。不仅书籍如此，研究报告和白皮书同样如此。

简单做事似闲庭信步，复杂做事堪比智力马拉松。

健身后，如果没有感到肌肉酸痛，那就说明你没有锻炼到位。疼痛是进步的标志，意味着你正在为健康付出必要的代价。但是简短轻松的沟通与此不同。物理学家理查德·费曼和斯蒂芬·霍金能够以通俗易懂的方式教授数学，并不是因为他们降低了难度，而是他们懂得如何简单表达。有效的经验法则并不是回避复杂，而是可以化繁为简，深入浅出。就好比一个棒球运动员，他会简单地把球放在眼前测算距离，测出的落点位置与科学家精确计算的结果一样。

简单做事的问题在于，你没怎么费力，感觉脑力没有得到锻炼。由此，学生便倾向于选择艰苦的学习方式，就好像大脑得到了锻炼，而这才是学习应该有的样子。

托马斯·麦克雷是 19 世纪一位年轻的医生，行医经验尚浅。一天，他接诊一位病人，诊断结果是普通胃病。麦克雷所在医学院的教授看了结果，他的结论出人意料：事实上，病人得的是一种罕见而严重的疾病。而麦克雷对这种病闻所未闻。[9]

这种疾病需要立即手术。但是在打开胸腔后，教授才意识到麦克雷最初的诊断是正确的，患者并无大碍。

麦克雷后来写道，其实他很庆幸自己从未听说过这种疾病。

这让他的诊断集中在常见疾病的范围内，而不像经验丰富的教授那样，被罕见疾病的可能性干扰了诊断结果。

他写道："这个故事并不是想说明无知是好事。但是，我们一些人确实容易被罕见事物迷惑，而忘记了最常见的评判标准。"

这个观点并不直观，所以容易让人无所适从。毕竟很难判断这种罕见疾病什么时候会发生，也许麦克雷的教授只是谨慎行事。

但是，挑战难题没有附加分，这个道理适用于所有领域。舍易求难，舍简求繁，只会适得其反。

我们即将进入最后一章，也是我最喜欢的一章。

伤口虽愈，疤痕永在

你有什么我没经历的事情让你笃信自己的行为？
如果与你有同样的经历，
我也会像你一样看待这个世界吗？

现在驱车经过华盛顿特区的五角大楼，已经看不到2001年9月11日五角大楼被撞的任何痕迹了。

继续行驶3分钟抵达里根国家机场，你会发现"9·11"恐怖袭击事件留下的疤痕随处可见。通过安检，你必须脱下鞋子和外套，解下腰带，拿出牙膏，举起双手，倒空水瓶。

这里反映出人类思维的一个普遍特点：伤口虽愈，疤痕永在。

在漫长的历史中，人类不断地适应和重建生活。然而，苦难留下的创伤永远存在，它们深刻地改变了人们对风险、回报、机会和目标的看法。

人类行为有一个非常重要的特点：每个人经历不同，思想也不同，目标、观点、愿望和价值观各异。所以，大多数辩论并不是人们意见有分歧，而是他们基于不同的经历在发表各自的看法。

个人经历会对人生观产生巨大的影响，我来分享几个历史上的案例。

二战时期在东线战场，4年间超过3 000万人丧生，这个数字相当于加利福尼亚州的人口。1940年，苏联十几个地区的总人口占世界人口的10%。到1945年，其中近14%的人口已经死亡，7万个村庄被摧毁。[1]

虽然今天这一区域仍能发现一些二战遗留下来的尸骨、子弹和炸弹，但到1960年，战争造成的物理破坏基本上已经被清理。工业得到重建，人员得到更替。战争结束后不到10年，该地区的总人口就超过了战前水平。

这种变化趋势在日本更为明显，其经济在战后向国际市场全面开放。1946年，日本的粮食生产每天只能为其国民提供1 500卡路里的能量。[2] 1960年，日本已经成为世界上增长最快的经济体之一。其国内生产总值从1965年的910亿美元增长到1980年的1.1万亿美元，技术和制造业全球领先。

兴衰更迭的故事还在其他领域上演。经济衰退之后会复苏，市场崩盘后会回暖，企业走出低谷后错误会被遗忘。

但是，创伤依然存在。

一项研究对来自 13 个国家的 2 万名二战亲历者进行了调查。[3] 结果发现，他们患糖尿病的概率比平均水平高出 3%，患抑郁症的概率高出 6%。与那些未经历战争的人相比，他们结婚的可能性更低，对老年生活的满意度也更低。

1952 年，弗雷德里克·刘易斯·艾伦对大萧条亲历者做了如下描述：

（他们）生活在强烈的恐惧中，总是担心更糟糕的事情会发生。而且在很多时候，他们的确是在挨饿。

（他们）对霍雷肖·阿尔杰宣扬的成功之道抱有巨大的怀疑，对满怀抱负的冒险行为怀有疑虑，对安稳的工作、社会保险计划和养老金计划大为赞赏。痛苦的经历让他们渴求安全感。[4]

"痛苦的经历让他们渴求安全感。"

这段话写于 20 世纪 50 年代，当时美国经济蓬勃发展，失业率接近历史最低水平，不到 3%。

人们在回顾历史时，常常轻松地说："看，要是你坚持下去，目光长远一点儿，事情总会好转，生活也会继续。"但他们没有意识到，心态的恢复比修复建筑和重振经济难多了。

我们明白，世间几乎所有的事物都可以被量化，除了人类的心情、恐惧、希望、怨恨、目标、动机和预期。这在一定程度上可以解释，为什么历史由一连串令人困惑的事件构成，而且未来永远如此。

———

心理学家伊万·巴甫洛夫曾经对狗进行唾液分泌训练。

他在给狗喂食前摇铃，狗学会了将铃声与随后的喂食联系起来，从而引发了唾液分泌反应。

由此，"巴甫洛夫的狗"以帮助心理学家认识学习行为而闻名于世。

然而，多年后这些可怜的狗身上所发生的事情却鲜有人知。

1924年，巴甫洛夫的实验室和犬舍所在的列宁格勒遭受了一场特大洪水。洪水淹没了狗笼。其中几只狗不幸被淹死，幸存的狗在洪水中游了400多米才到达安全地带。巴甫洛夫后来称，那次洪水对这些狗来说是最具创伤性的经历。

此后出现了一个有趣的现象：当铃声响起时，这些狗似乎忘记了此前习得的唾液分泌行为。

在洪水退去11天后，巴甫洛夫这样记录其中一只狗的行为反应：

摇铃后，所有之前学到的条件反射几乎完全消失，这只狗拒绝进食，变得烦躁不安，一直盯着门口。[5]

作为科学家,巴甫洛夫对此无比好奇,随后他花了几个月时间研究洪水给这些狗带来的影响。许多狗都发生了明显的改变。洪水过后,它们的性格与原来迥然不同,之前稳定的行为习惯消失了。他总结了这种现象,并阐述了这一规律在人类生活中的运用:

产生极度兴奋的不同条件往往会让神经和心理活动产生长时间的严重失衡……神经症和精神病的产生,可能是因为自己或身边的朋友面临极大的危险,甚至可能是因为目睹了一些并未直接影响自身的可怕事件。[6]

人类的记忆大多很短暂。大多数时候,人们会忘记过去痛苦的经历,也不会对以前的教训予以重视。

但遭遇重创一定会留下伤痕。

假如你曾经受过毁灭性打击并怀疑自己生存的希望,这种经历会彻底改变你对生活的预期,以及你之前根深蒂固的行为模式。

美国最高法院前大法官奥利弗·温德尔·霍姆斯曾说:"人的心智一旦因为新的体验得到拓展,就永远回不到过去的思维模式了。"

正因如此,经历过大萧条的那代人在金钱观上发生了巨大的变化。在余生里,他们更加重视储蓄,借贷更加谨慎,对风险保持警惕。这一现象甚至在大萧条结束前就非常普遍了。弗雷德里克·刘易斯·艾伦曾引用 1936 年《财富》杂志上的一篇文章：

> 这代大学生都是宿命论者……他们不会鲁莽行事。他们严肃认真，不敢懈怠，沉默少言。普遍来看，他们是谨慎、保守、不具冒险精神的一代人。

二战后的情况也非常相似。

战后几年，美国经济蓬勃发展，但饱受战争摧残的欧洲则是另一番景象。1947 年，汉密尔顿·费希·阿姆斯特朗在《外交事务》杂志上发文描述欧洲的生活景象：

> 人们每时每刻都在想办法寻找足够的食物、衣服和燃料以维持第二天的生活。什么东西都缺……房子不够住，窗框上没有玻璃，没有皮革做鞋子，没有羊毛织毛衣，没有煤气做饭，没有棉花做尿布，没有糖熬果酱，没有油炒菜，没有牛奶喂孩子，没有肥皂洗衣服。[7]

战后，约翰·梅纳德·凯恩斯曾预言，在饱受战争摧残的那些国家里，人民"极度渴望社会安定和人身安全"。

事实正是如此。

历史学家托尼·朱特指出，欧洲战后的境况十分糟糕，只有国家才能给流离失所的黎民百姓带来生活的希望。[8] 各个国家也的确做到了这一点。二战后，无论是慷慨的失业保险还是惠及全民的医疗保健，各种福利制度在欧洲普及程度很高，连美国都望尘莫及。

历史学家迈克尔·霍华德说过，战争与福利制度是密切相关的。[9] 原因可能是，即使你家境最殷实，最擅长规避风险，最具远见卓识，也有可能被战争彻底击垮。欧洲人民当时无法选择是否参加二战。无论支持与否，这场战争已经成了他们生活中不得不面对的首要问题；无论是否做好准备，战争已经让他们无法掌控自己的生活。

因此，20世纪70年代和80年代的婴儿潮一代对通货膨胀的看法，是他们年轻的子女无法理解的。

正因如此，你可以把如今的科技企业家分为两个明显不同的群体，一个是20世纪90年代末经历互联网泡沫的企业家群体，另一个是未经历互联网泡沫的年轻企业家群体。

当一些难以预料的重大事件发生后，往往会出现两种状况：

- 你认为刚刚发生的事情还会不断上演，其程度与后果会更加严重。
- 尽管某事发生的概率极低，几乎没人预料会发生，但你依然预测这件事很可能发生。

意外事件造成的影响越大，越是如此。

更重要的是，那些没有亲历事件的人更难以理解你的想法。

古往今来，没有矛盾的双方，就没有故事。

"为什么你不认同我的观点？"这个问题可以有无数答案。有可能是其中一方怀有私心，或愚蠢至极，或昏聩糊涂，或不明就里。

但换个问法可能更好一些："你有什么我没经历的事情让你笃信自己的行为？如果我与你有同样的经历，也会像你一样看待这个世界吗？"

这个问题很好地解释了为何人们总是意见不一。

但问出这个问题并不容易。

一想到那些从未经历的事情有可能会颠覆你的认知，你就会感到不舒服，因为这就等于承认你的无知。而假设那些与你意见相悖的人并没有像你一样认真思考，你心里自然会好受一些。

因此，即便获取信息的渠道呈爆炸性增长，人们也会出现意见分歧，这种分歧甚至比以往任何时候都大。正如本尼迪克特·埃文斯所说："在互联网上接触的新观点越多，人们对意见的分歧就越感到气愤。"

分歧与其说与认知有关，不如说与经历有关。

人的经历各不相同，分歧才会始终存在。

过去如此。

将来如此。

永远如此。

值得思考的问题

二战中，在盟军诺曼底登陆的前夜，美国总统富兰克林·罗斯福问夫人埃莉诺，未来局势未定，她有什么感受。

"我快60岁了，如果还对未知事物有抵触心理，岂不是很可笑？"她说。[1]

当然可笑。但是，我们总是对未知充满抵触。过去如此，未来依然如此。

如果前路漫漫，犹如黑洞，充满无尽的未知，那的确很可怕。所以我们宁愿相信自己能预知未来，相信一切都有章可循，都在意料之中。这种观念习以为常，却大错特错。

面对未来的不确定性，我们通常力图高瞻远瞩、殚精竭虑，利用尽量多的数据和信息，以实现对未来的精准预测。

但是，真正有效的方法恰恰与之相反，我们更应回顾过去，以拓宽视野。与其执着于把握未来的微小变化，不如研究那些过去避无可避的重大事件。

10年前,我决心少看点儿预测书,多读些历史书。这是我人生中最明智的决定。有意思的是,历史读得越多,我对未来就越坦然。当开始聚焦于永恒不变的常识时,你就不会再痴迷于预测未知,而是花更多时间去研究那些恒久不变的人类行为。希望本书能给你启发,引导你朝这个方向前进。

我尽量不给自己不了解的人提供建议,因为每个人都是不同的个体,放之四海而皆准的建议少之又少。

所以,在本书结尾,我不想列出一系列结论性意见让你去践行,而是列出一些与各章内容相关的问题,帮助你反思。

- ∞ 哪些人的观点本来正确,但由于表达得不够清晰而被我忽略了?

- ∞ 如果出生在不同的国家或时代,我会反对我现在赞成的哪些观点?

- ∞ 有哪些事情明明是错的,但我固执己见,坚持认为它们是对的?

- ∞ 有哪些事情我原以为只发生在其他的国家、行业或职业,但最终会影响到我?

- 有哪些事情我信以为真，而实际只是营销包装出来的？

- 有哪些事情由于我没有亲身体验过，因而对其认识很肤浅？

- 有哪些事情的发展看起来不可持续，但实际上是我们尚未接受的新趋势？

- 有哪些人我觉得很聪明，但实际上只是能说会道？

- 我准备好应对意料之外的风险了吗？

- 如果动机变了，我现有的哪些想法会随之改变？

- 有哪些事情我们现在不够重视，但未来可期？

- 有哪些事情过去险些发生，如果真的发生了必定会颠覆我对世界的认知？

- 有哪些因素不在我的控制范围之内，却促成了我现在的成就？

- 我如何判断自己目前是耐心沉稳（技能）还是固执己见

（缺点）？

∞ 在我仰慕的人中，有哪些人有其不为人知的苦楚？

∞ 有哪些麻烦我想避免，但其实是我成功道路上必须付出的代价？

∞ 有哪个疯狂的天才我本想效仿，结果却发现他只是个疯子？

∞ 有哪些我现在奉行的信念，将来很可能会改变？

∞ 何为永恒的真理？

∞ 有哪些永恒不变的法则？

致谢

写作是一项孤独的事业。形单影只,与键盘为伴,上一秒文思泉涌,下一秒却自我怀疑。

但从某些方面来说,作家这一职业实质上具有社会性。每位作者都可以反思哪些人激发了他们的创作灵感,并深深感谢那些深刻影响了他们创作的作家、思想家、研究者,以及各种不同的思想。

无论他们是否知道,下列人士都给予了我特别的启发与帮助,谨致谢忱:

卡尔·理查兹

约翰·里夫斯

克雷格·夏皮罗

丹·加德纳

贝瑟尼·麦克莱恩

凯瑟琳·金博尔

马特·科彭赫费尔

贾森·茨威格

贝蒂·科西特

诺亚·施瓦茨贝里

莫利·格利克

马克·平格尔

克雷格·皮尔斯

布赖恩·理查兹

詹娜·阿卜杜

麦克·埃利希

埃里克·拉森

比尔·曼

德里克·汤普森

汤姆·盖纳

克里斯·希尔

康迪斯·米勒德

罗伯特·库尔森

金正宇

詹姆斯·克利尔

老弗兰克·豪泽尔

迈克尔·巴特尼克

当然,也要感谢我的妻子格蕾琴,还有我的父亲本和母亲南希,正是有了他们的支持和引导,我才没有迷失方向。

注释

书前引语

1. Carl Jung, *Collected Works of C. G. Jung, vol. 7: Two Essays in Analytical Psychology* (Princeton, NJ, Princeton University Press, 1972).
2. Arthur Schopenhauer, *The Wisdom of Life, Being the First Part of Arthur Schopenhauers Aphorismen Zur Lebensweisheit* (London: S. Sonnenschein & Co., 1897).
3. Tim Ferris, *Tools of Titans: The Tactics, Routines, and Habits of Billionaires, Icons, and World-Class Performers* (Boston: Houghton Mifflin Harcourt, 2017).
4. Niall Ferguson, *Civilization: The West and the Rest* (New York: Penguins Books, 2012).

前言

1. Jeff Hayden, 20 Years Ago, Jeff Bezos Said This 1 Thing Separates People Who Achieve Lasting Success From Those Who Dont, *Inc.*, November 6, 2017, www.inc.com/jeff-haden/20-years-ago-jeff-bezos-said-this-1-thing-separates-people-who-achieve-lasting-success-from-those-who-dont.html.
2. Eric Jorgenson, *The Almanack of Naval Ravikant: A Guide to Wealth and Happiness* (N.p.: Magrathea, 2020), 82.

牵一发而动全身

1. Tim Urban, @waitbutwhy, Twitter post, April 21, 2021, 1:13 p.m., twitter.com/waitbutwhy/status/1384963403475791872?s=20&t=4i2ekW6c1cwAp6S1qB6YUA.
2. *Charlie Rose*, season 14, episode 186, David McCullough, May 30, 2005, PBS, charlierose.com/videos/18134.
3. Erik Larson, *Dead Wake: The Last Crossing of the Lusitania* (New York: Crown, 2015), 117, 326.
4. Joseph T. McCann, *Terrorism on American Soil* (Boulder, CO: Sentient Publications, 2006), 69–70.
5. This Day in History: February 15, 1933: FDR Escapes Assassination Attempt in Miami, History.com, November 16, 2009, updated February 11, 2021, history.com/this-day-in-history/fdr-escapes-assassination-in-miami.

不可预见的才是风险

1. Douglas Brinkley, *American Moonshot* (New York: Harper, 2019), 237.
2. Jan Herman, Stratolab: The Navys High-Altitude Balloon Research, lecture, Naval Medical Research Institute, Bethesda, MD, 1995, archive.org/details/StratolabTheNavysHighAltitudeBalloonResearch.
3. Carl Richards, (@behaviorgap), Twitter post, March 10, 2020, 8:19 a.m., twitter.com/behaviorgap/status/1237352317592076288.
4. Fisher Sees Stocks Permanently High, *New York Times*, October 16, 1929, www.nytimes.com/1929/10/16/archives/fisher-sees-stocks-permanently-high-yale-economist-tells-purchasing.html.
5. Author interview with Robert Shiller, 2012.
6. Frederick Lewis Allen, *Since Yesterday* (New York: Harper & Brothers, 1940), reproduced from Thurman W. Arnold, *The Folklore of Capitalism* (New Haven, CT: Yale University Press, 1937).
7. Margaret MacMillan, *Historys People: Personalities and the Past* (CBC Massey Lectures) (Toronto: House of Anansi Press, 2015).
8. The Sonic Memorial—Remembering 9/11 with Host Paul Auster, n.d., in *The Kitchen Sisters* (podcast), kitchensisters.org/present/sonic-memorial/.
9. Nassim Nicholas Taleb, *Antifragile: Things That Gain from Disorder* (New York: Random House, 2014).

预期与现实

1. Where Do We Go from Here?, *Life*, January 5, 1953, 86, books.google.com/books?id=QUIEAAAAMBAJ&q=astonishingly

#v=snippet&q=astonishingly&f=false.
2. What Have We Got Here, *Life*, January 5, 1953, 47, https://books. google.com/books?id=QUIEAAAAMBAJ&q=astonishingly#v=onepage&q= straight%20years&f=false.
3. The Crisis of the Middle Class and American Power, RANE Worldview, December 31, 2013, worldview.stratfor.com/article/crisis-middle-class-and-american-power.
4. Russell Sage Foundation, Chartbook of Social Inequality, Real Mean and Median Income, Families and Individuals, 1947–2012, and Households, 1967–2012, n.d., russellsage.org/sites/all/files/chartbook/Income%20 and%20Earnings.pdf.
5. Jessica Semega and Melissa Kollar, Income in the United States: 2021, U.S. Census Bureau, Report Number P60-276, September 13, 2022, census. gov/library/publications/2022/demo/p60-276.html#:~:text=Real%20 median%20household%20income%20was,and%20Table%20A%2D1).
6. Lawrence H. Officer and Samuel H. Williamson, Annual Wages in the United States, 1774–Present, MeasuringWorth, 2023, measuringworth. com/datasets/uswage/result.php.
7. PK, Historical Homeownership Rate in the United States, 1890–Present, DQYDJ, n.d., dqydj.com/historical-homeownership-rate-united-states.
8. Maria Cecilia P. Moura, Steven J. Smith, and David B. Belzer, 120 Years of U.S. Residential Housing Stock and Floor Space, table 1, *PLoS One* 10, no. 8 (August 11, 2015): e0134135, ncbi.nlm.nih.gov/pmc/articles/ PMC4532357/table/pone.0134135.t001.
9. U.S. Bureau of Labor Statistics, 100 Years of U.S. Consumer Spending, Report 991, May 2006, bls.gov/opub/100-years-of-u-s-consumer-spending.pdf, and Consumer Expenditures—2021, news release,

September 8, 2022, bls.gov/news.release/cesan.nr0.htm.
10. Marian L. Tupy, Workplace Fatalities Fell 95% in the 20th Century. Who Deserves the Credit?, FEE Stories, September 16, 2018, fee.org/articles/workplace-fatalities-fell-95-in-the-20th-century-who-deserves-the-credit.
11. Barry Avrich, *Prosecuting Evil* (Los Angeles: Vertical Entertainment, 2018).
12. Gary Rivlin, In Silicon Valley, Millionaires Who Dont Feel Rich, *New York Times*, August 5, 2007, https://www.nytimes.com/2007/08/05/technology/05rich.html.
13. Will Smith, *Will* (New York: Penguin Press, 2021), 105.
14. Steve Tignor, Naomi Osaka Isnt Enjoying Herself Even When She Wins—So You Can Understand Her Need for a Break from the Game, *Tennis*, September 4, 2021, tennis.com/news/articles/naomi-osaka-isn-t-enjoying-herself-even-when-she-wins-so-you-can-understand-her-.
15. David McCullough, *Truman* (New York: Touchstone, 1992).
16. Buffett Online, 2022 Daily Journal Annual Meeting, February 16, 2022, YouTube video, youtube.com/watch?v=22faKkazye4&ab_channel=BuffettOnline.

疯狂的天才

1. Cathal Dennehy, Eliud Kipchoge: Inside the Camp, and the Mind, of the Greatest Marathon Runner of All Time, *Irish Examiner*, October 29, 2021, irishexaminer.com/sport/othersport/arid-40732662.html.
2. Robert Coram, *Boyd: The Fighter Pilot Who Changed the Art of War* (New York: Back Bay Books, 2004), 58, 68, 130, 172, 450.

3. Ronald Spector, 40-Second Man, review of *Boyd: The Fighter Pilot Who Changed the Art of War*, *New York Times*, March 9, 2003, nytimes.com/2003/03/09/books/40-second-man.html.
4. Coram, *Boyd*, 184.
5. John Maynard Keynes, Newton, the Man, undelivered lecture, in Elizabeth Johns, ed., *The Collected Writings of John Maynard Keynes* (Cambridge and London: Cambridge University Press and Royal Economic Society, 1978), available at mathshistory.st-andrews.ac.uk/Extras/Keynes_Newton.
6. Franklin J. Schaffner *Patton* (Los Angeles: 20th Century Fox, 1970).
7. Loren Grush, Elon Musk Elaborates on His Proposal to Nuke Mars, Verge, October 2, 2015, theverge.com/2015/10/2/9441029/elon-musk-mars-nuclear-bomb-colbert-interview-explained.
8. Andrew Griffin, Elon Musk: The Chance We Are Not Living in a Computer Simulation Is One in Billions, *Independent*, June 2, 2016, independent.co.uk/tech/elon-musk-ai-artificial-intelligence-computer-simulation-gaming-virtual-reality-a7060941.html.
9. Eric Jorgenson, *The Almanack of Naval Ravikant: A Guide to Wealth and Happiness* (N.p.: Magrathea, 2020), 144.

神奇的概率

1. *Comedians in Cars Getting Coffee*, season 5, episodes 7–8, The Unsinkable Legend—Part 1 & Part 2, December 18, 2014, Crackle.
2. Kathryn Bigelow, *Zero Dark Thirty* (Culver City, CA: Sony Pictures, 2012).

3. John A. Gans Jr., This Is 50-50: Behind Obamas Decision to Kill Bin Laden, *Atlantic*, October 10, 2012, theatlantic.com/international/archive/2012/10/this-is-50-50-behind-obamas-decision-to-kill-bin-laden/263449.
4. Tim Adams, This Much I Know: Daniel Kahneman, *Guardian*, July 7, 2012, theguardian.com/science/2012/jul/08/this-much-i-know-daniel-kahneman.
5. Robert D. McFadden, Odds-Defying Jersey Woman Hits Lottery Jackpot 2d Time, *New York Times*, February 14, 1986, nytimes.com/1986/02/14/nyregion/odds-defying-jersey-woman-hits-lottery-jackpot-2d-time.html.
6. Gina Kolata, 1-in-a-Trillion Coincidence, You Say? Not Really, Experts Find, *New York Times*, February 27, 1990, nytimes.com/1990/02/27/science/1-in-a-trillion-coincidence-you-say-not-really-experts-find.html.
7. Freeman Dyson, One in a Million, *New York Review of Books*, March 25, 2004, nybooks.com/articles/2004/03/25/one-in-a-million.
8. Frederick Lewis Allen, *The Big Change: American Transforms Itself 1900–1950* (1952; rept., New York: Routledge, 2017), 8, 23.
9. Megan Garber, The Threat to American Democracy That Has Nothing to Do with Trump, *Atlantic*, July 11, 2020, theatlantic.com/culture/archive/2020/07/ghosting-news-margaret-sullivans-alarm-bell/614011.
10. Steven Pinker, The Media Exaggerates Negative News. This Distortion Has Consequences, *Guardian*, February 17, 2018, theguardian.com/commentisfree/2018/feb/17/steven-pinker-media-negative-news.
11. Allen, *The Big Change*, 8.
12. Peter T. Kaufman, ed., *Poor Charlies Almanack: The Wit and Wisdom*

of *Charles T. Munger* (Marceline, MO: Walsworth Publishing Co., 2005), 205.

13. Eric Schurenberg, Why the Experts Missed the Crash, CNN Money, February 18, 2009, money.cnn.com/2009/02/17/pf/experts_Tetlock.moneymag/index.htm.

14. National Bureau of Economic Research, Business Cycle Dating, n.d., nber.org/research/business-cycle-dating.

好故事永远能胜出

1. *Wall Street Journal*, How Martin Luther King Went Off Script in I Have a Dream, August 24, 2013, YouTube video, youtube.com/watch?v=KxlOlynG6FY.
2. Martin Luther King Jr., I Have a Dream, speech given at March on Washington for Jobs and Freedom, Washington, D.C., August 28, 1963, transcript at americanrhetoric.com/speeches/mlkihaveadream.htm.
3. This Day in History: August 28, 1963: Mahalia Jackson Prompts Martin Luther King Jr. to Improvise I Have a Dream Speech, History.com, n.d., history.com/this-day-in-history/mahalia-jackson-the-queen-of-gospel-puts-her-stamp-on-the-march-on-washington.
4. King, I Have a Dream, youtube.com/watch?v=smEqnnklf Ys.
5. Ken Burns, *Mark Twain* (Walpole, NH, and Arlington, VA: Florentine Films in association with WETA, 2001).
6. C. R. Hallpike, Review of Yuval Hararis Sapiens: A Brief History of Humankind, AIPavilion, 2017, aipavilion.github.io/docs/hallpike-review.pdf.

7. Ian Parker, Yuval Noah Hararis History of Everyone, Ever, *New Yorker*, February 10, 2020, newyorker.com/magazine/2020/02/17/yuval-noah-harari-gives-the-really-big-picture.
8. Ken Burns, *The Civil War* (Walpole, NH, and Arlington, VA: Florentine Films in association with WETA, 1990).
9. Ken Burns, *SmartLess* (podcast), September 20, 2021, podcasts.apple.com/us/podcast/ken-burns/id1521578868?i=1000535978926.
10. Mfame Team, The Tragedy of SS Kiangya, Mfame, January 21, 2016, mfame.guru/tragedy-ss-kiangya.
11. Editorial Team, Sinking of Doña Paz: The Worlds Deadliest Shipping Accident, Safety4Sea, March 8, 2022, safety4sea.com/cm-sinking-of-dona-paz-the-worlds-deadliest-shipping-accident.
12. Africas Titanic 20 Years Later: Sinking of Le Joola Has Lessons for Ferry Safety, SaltWire, October 3, 2022, saltwire.com/halifax/news/local/africas-titanic-20-years-later-sinking-of-le-joola-has-lessons-for-ferry-safety-100778847.
13. Ken Burns, *Mark Twain*.
14. Richard Feynman Fire, Nebulajr, April 15, 2009, YouTube video, youtube.com/watch?v=N1pIYI5JQLE&ab_channel=nebulajr.
15. Walter Isaacson, *Einstein: His Life and Universe* (New York: Simon & Schuster, 2007).
16. Anthony Breznican, Steven Spielberg: The EW interview, *Entertainment Weekly*, December 2, 2011, ew.com/article/2011/12/02/steven-spielberg-ew-interview.
17. Dee Hock, *Autobiography of a Restless Mind: Reflections on the Human Condition*, vol. 2 (Bloomington, IN: iUniverse, 2013).

不可量化

1. Will Durant, *Fallen Leaves: Last Words on Life, Love, War, and God* (New York: Simon & Schuster, 2014).
2. Ken Burns and Lynn Novick, *The Vietnam War* (Walpole, NH: Florentine Films et al., 2017).
3. Burns and Novick, *The Vietnam War*.
4. Ron Baker, The McKinsey Maxim: What You Can Measure You Can Manage. HOKUM!, Firm of the Future, February 18, 2020, firmofthefuture.com/content/the-mckinsey-maxim-what-you-can-measure-you-can-manage-hokum.
5. Julie Bort, Amazon Founder Jeff Bezos Explains Why He Sends Single Character ? Emails, *Inc.*, April 23, 2018, inc.com/business-insider/amazon-founder-ceo-jeff-bezos-customer-emails-forward-managers-fix-issues.html.
6. Niall Ferguson, *The War of the World: Twentieth-Century Conflict and the Descent of the West* (New York: Penguin Press, 2006), 537.
7. The Nobel Prize, Archibald V. Hill: Biographical, 1922, nobelprize.org/prizes/medicine/1922/hill/biographical.
8. Timothy David Noakes, Fatigue Is a Brain-Derived Emotion That Regulates the Exercise Behavior to Ensure the Protection of Whole Body Homeostasis, *Frontiers in Physiology* 3, no. 82 (2012): 1, ncbi.nlm.nih.gov/pmc/articles/PMC3323922.
9. Eric R. Kandel, *In Search of Memory: The Emergence of a New Science of Mind* (New York: W. W. Norton, 2007).
10. Alex Hutchinson, *Endure: Mind, Body, and the Curiously Elastic Limits of Human Performance* (Boston: Mariner Books, 2018), 22–27 and 45–76.

11. (1) Muscular Movement in Man: The Factors Governing Speed and Recovery from Fatigue (2) Living Machinery: Six Lectures Delivered before a Juvenile Auditory at the Royal Institution, Christmas 1926 (3) Basal Metabolism in Health and Disease, *Nature* 121 (1928): 314–16, nature.com/articles/121314a0.

稳定中蕴藏危机

1. Hyman P. Minsky, The Financial Instability Hypothesis, Working Paper No. 74, Levy Economics Institute of Bard College, May 1992, levyinstitute.org/pubs/wp74.pdf.
2. Kelly Hayes, @MsKellyMHayes, Twitter post, July 11, 2020, 4:22 p.m., twitter.com/MsKellyMHayes/status/1282093046943952902.
3. Dan Carlin, *The End Is Always Near* (New York: Harper, 2019), 194.
4. Victoria Hansen et al., Infectious Disease Mortality Trends in the United States, 1980–2014, *Journal of the American Medical Association* 316, no. 20 (November 22/29, 2016): 2149–51. https://jamanetwork.com/journals/jama/article-abstract/2585966.
5. Clark Whelton, Say Your Prayers and Take Your Chances, *City Journal*, March 13, 2020, city-journal.org/1957-asian-flu-pandemic.
6. Ed Yong, How the Pandemic Defeated America, *Atlantic*, September 2020, theatlantic.com/magazine/archive/2020/09/coronavirus-american-failure/614191.
7. Admin, Incredible 2017 Tahoe Snow Totals, *Tahoe Ski World*, December 28, 2018, tahoeskiworld.com/incredible-2017-tahoe-snow-totals.
8. Associated Press, Out in the California Desert, Tourists Make a Beeline for Flowergeddon, *Washington Post*, March 31, 2017, washingtonpost.

com/lifestyle/kidspost/out-of-the-california-desert-tourists-make-a-beeline-for-flowergeddon/2017/03/31/64313c3c-1620-11e7-833c-503e1f6394c9_story.html.

9. S.-Y. Simon Wang, How Might El Niño Affect Wildfires in California?, *ENSO* (blog), August 27, 2014, climate.gov/news-features/blogs/enso/how-might-el-ni%C3%B1o-affect-wildfires-california.

10. Chamath Palihapitiya: The #1 Secret to Becoming Rich, Investor Center, February 5, 2021, YouTube video, youtube.com/watch?v=XnleEVXdQsE&ab_channel=InvestorCenter.

最佳规模与速度

1. J. B. S. Haldane, On Being the Right Size, in *Possible Worlds and Other Essays* (London: Chatto & Windus, 1927), 18, available at searchworks.stanford.edu/view/8708294.

2. Robert J. Shiller, Online Data Robert Shiller, http://www.econ.yale.edu/~shiller/data.htm.

3. Howard Schultz, memo to Jim Donald, February 14, 2007, starbucksgossip.typepad.com/_/2007/02/starbucks_chair_2.html.

4. Harvey S. Firestone, *Men and Rubber: The Story of Business* (New York: Doubleday, Page & Co., 1926), available at https://blas.com/wp-content/uploads/2019/07/Men-and-Rubber.pdf.

5. Peter Wohlleben, *The Secret Wisdom of Nature* (Vancouver: Greystone Books, 2019).

6. Who-Seung Lee, Pat Monaghan, and Neil B. Metcalfe, Experimental Demonstration of the Growth Rate–Lifespan Trade-off, *Proceedings of the Royal Society B* 280 (2013): 20122370, royalsocietypublishing.org/

doi/pdf/10.1098/rspb.2012.2370.

当奇迹发生时

1. Ric Burns, *New York: A Documentary Film* (New York: Steeplechase Films and New York: New-York Historical Society et al., 1999–2003).
2. William Shepherd, Eyewitness at the Triangle, in *Out of the Sweatshop: The Struggle for Industrial Democracy*, ed. Leon Stein (New York: Quadrangle/NewTimes Book Company, 1977), 188–93, available at trianglefire.ilr.cornell.edu/primary/testimonials/ootss_WilliamShepherd.html.
3. Frederick Lewis Allen, *The Big Change: American Transforms Itself 1900–1950* (1952; rept., New York: Routledge, 2017).
4. Brad Stone, How Shopify Outfoxed Amazon to Become the Everywhere Store, *Bloomberg*, December 22, 2021, bloomberg.com/news/features/2021-12-23/shopify-amazon-retail-rivalry-heats-up-with-covid-sparked-online-shopping-booma.
5. Alexander J. Field, *A Great Leap Forward: 1930s Depression and U.S. Economic Growth* (New Haven, CT: Yale University Press, 2012), 7.
6. Federal Highway Administration, Contributions and Crossroads: Timeline, n.d., fhwa.dot.gov/candc/timeline.cfm.
7. Franklin D. Roosevelt, Campaign Address in Portland, Oregon on Public Utilities and Development of Hydro-Electric Power, September 21, 1932, available at presidency.ucsb.edu/documents/campaign-address-portland-oregon-public-utilities-and-development-hydro-electric-power.
8. Robert Gordon, *The Rise and Fall of American Growth* (Princeton, NJ:

Princeton University Press, 2016), 564.

9. JM, The Purpose of Life: Nixon, July 9, 2011, YouTube video, youtube.com/watch?v=Pc3IfB23W4c &ab_channel=JM.
10. Andrew Wilkinson, @awilkinson, Twitter post, April 26, 2021, 8:07 a.m., twitter.com/awilkinson/status/1386698431905730565?s=20.
11. Patrick OShaughnessy, @patrick_oshag, Twitter post, July 17, 2021, 6:31 a.m., twitter.com/patrick_oshag/status/1416390114998198273?s= 20&t=n2Yw1L1b657o_69Iyprf7g.

突发的灾难与长期的奇迹

1. Cody White, Heart Attack Strikes Ike, President Eisenhowers 1955 Medical Emergency in Colorado, National Archives, September 22, 2016, text-message.blogs.archives.gov/2016/09/22/heart-attack-strikes-ike-president-eisenhowers-1955-medical-emergency-in-colorado.
2. Nassim Nicholas Taleb, *Antifragile: Things That Gain from Disorder* (New York: Random House, 2014).

小与大

1. Marc Santore, Study Finds Snacking Is a Major Cause of Child Obesity, Yale School of Medicine, April 2, 2010, medicine.yale.edu/news-article/study-finds-snacking-is-a-major-cause-of-child-obesity.
2. Dan Carlin, *The End Is Always Near* (New York: Harper, 2019), 148.
3. Matthew Seelinger, The M28/M29 Davy Crockett Nuclear Weapon System, Army Historical Foundation, armyhistory.org/the-m28m29-

davy-crockett-nuclear-weapon-system.
4. Serhii Plokhy, *Nuclear Folly: A History of the Cuban Missile Crisis* (New York: W. W. Norton, 2021).
5. Niall Ferguson, *Doom: The Politics of Catastrophe* (London: Penguin Books, 2021), 258–62.
6. Jack D. Dunitz and Gerald F. Joyce, A Biographical Memoir of Leslie E. Orgel, 1927–2007 (Washington, D.C.: National Academy of Sciences, 2013), nasonline.org/publications/biographical-memoirs/memoir-pdfs/orgel-leslie.pdf.
7. Howard Marks—Embracing the Psychology of Investing, June 21, 2021, in *Invest Like the Best with Patrick OShaughnessy* (podcast), joincolossus.com/episodes/70790270/marks-embracing-the-psychology-of-investing?tab=transcript.

乐观与悲观

1. Jim Collins, The Stockdale Paradox, JimCollins.com, jimcollins.com/media_topics/TheStockdaleParadox.html.
2. James Truslow Adams, *The Epic of America* (1931; rept., New York: Routledge, 2017).
3. CNBC Make It, Bill Gates Wasnt Worried about Burnout in 1984—Heres Why, February 25, 2019, YouTube video, youtube.com/watch?v=MhnSzwXvGfc&ab_channel=CNBCMakeIt.
4. Paul Allen, *Idea Man* (New York: Portfolio/Penguin, 2011), 32.
5. Leah Fessler, Bill Gates Biggest Worry as a 31-Year-Old Billionaire Wasnt Apple or IBM, Yahoo! News, February 28, 2018, yahoo.com/news/bill-gates-biggest-worry-31-170014556.html.

完美陷阱

1. Georgy S. Levit, Uwe Hossfeld, and Lennart Olsson, From the Modern Synthesis to Cybernetics: Ivan Ivanovich Schmalhausen (1884–1963) and His Research Program for a Synthesis of Evolutionary and Developmental Biology, *Journal of Experimental Zoology Part B: Molecular and Developmental Evolution* 306, no. 2 (March 15, 2006): 89–106, pubmed.ncbi.nlm.nih.gov/16419076.
2. Richard Lewontin and Richard Levins, Schmalhausen's Law, *Capitalism Nature Socialism* 11, no. 4 (2000): 103–8, tandfonline.com/doi/abs/10.1080/10455750009358943?journalCode=rcns20.
3. David Leonhardt, Youre Too Busy. You Need a Shultz Hour, *New York Times*, April 18, 2017, nytimes.com/2017/04/18/opinion/youre-too-busy-you-need-a-shultz-hour.html.
4. May Wong, Stanford Study Finds Walking Improves Creativity, Stanford News, April 24, 2014, news.stanford.edu/2014/04/24/walking-vs-sitting-042414.
5. Charlie Munger, 2007 USC Law School Commencement Address, University of Southern California Law School, Los Angeles, CA, May 13, 2007, jamesclear.com/great-speeches/2007-usc-law-school-commencement-address-by-charlie-munger.
6. Nassim Nicholas Taleb, *The Bed of Procrustes* (New York: Random House, 2010), 37.

天下无易事

1. Ric Burns, *The Donner Party* (New York: Steeplechase Films, 1992).

2. David Lean, *Lawrence of Arabia* (Culver City, CA: Columbia Pictures, 1962).
3. Shane Parrish, Simple Acts, *Brain Food* (blog), October 23, 2022, https://fs.blog/brain-food/october-23-2022.
4. *Comedians in Cars Getting Coffee*, season 2, episode 2, I Like Kettlecorn, June 20, 2013, Crackle.
5. Daniel McGinn, Lifes Work: An Interview with Jerry Seinfeld, *Harvard Business Review*, January-February 2007, hbr.org/2017/01/lifes-work-jerry-seinfeld.
6. This Is Killing Your Success: Jeff Bezos, The Outcome, February 14, 2021, YouTube video, youtube.com/watch?v=sbhY0EyOcqg&ab_channel=TheOutcome.
7. Steven Pressfield—How to Overcome Self-Sabotage and Resistance, Routines for Little Successes, and the Heros Journey vs. the Artists Journey, February 26, 2021, *The Tim Ferriss Show* (podcast), episode 501, podcasts.apple.com/us/podcast/501-steven-pressfield-how-to-overcome-self-sabotage/id863897795?i=1000510784746.
8. Doris Kearns Goodwin, *No Ordinary Time* (New York: Simon & Schuster, 2008), 218.

永不停息

1. Henry Fairfield Osborn, A Biographical Memoir of Edward Drinker Cope, 1840–1897 (Washington, D.C.: National Academy of Sciences, 1930).
2. Santa Fe Institute, Bigger Is Better, Until You Go Extinct, news release,

July 21, 2008, santafe.edu/news-center/news/bigger-is-better-until-you-go-extinct.

3. April Holladay, Ants Slow Fall Key to Survival, *Globe and Mail* (Toronto), January 12, 2009, theglobeandmail.com/technology/ants-slow-fall-key-to-survival/article4275684.

4. Morgan Housel, Crickets: The Epitome of Investing Success, Medium, March 10, 2016, medium.com/@TMF Housel/crickets-the-epitome-of-investing-success-9f3bccd2628.

5. Isadore Barmash, A Sears Store of the Future, Market Place, *New York Times*, July 27, 1983, nytimes.com/1983/07/27/business/market-place-a-sears-store-of-the-future.html.

6. Peter T. Kilborn, Regan Bids Wall Street Seek Searss Efficiency, *New York Times*, June 11, 1974, nytimes.com/1974/06/11/archives/regan-bids-wall-street-seek-searss-efficiency2-unmitigated.html.

7. Morgan Housel, Risk Is How Much Time You Need, Collab Fund, March 30, 2017, collabfund.com/blog/risk.

8. Leigh Van Valen, A New Evolutionary Law, *Evolutionary Theory* 1 (July 1973): 1–30, mn.uio.no/cees/english/services/van-valen/evolutionary-theory/volume-1/vol-1-no-1-pages-1-30-l-van-valen-a-new-evolutionary-law.pdf.

未来的奇迹

1. Americas Thinking Men Forecast the Wonders of the Future, *Washington Post,* January 12, 1908.

2. *American Experience,* season 27, episode 3, Edison, January 27, 2015, PBS.

3. Anya Plutynski, What Was Fishers Fundamental Theorem of Natural Selection and What Was It For?, *Studies in History and Philosophy of Science Part C: Studies in History and Philosophy of Biological and Biomedical Sciences* 37 (2006): 59–82, philsci-archive.pitt.edu/15310/1/Fundamental Theorem.pdf.
4. January 12—Births—Scientists Born on January 12th, Today in Science History, todayinsci.com/1/1_12.htm.

表面光鲜，背后辛酸

1. James Baldwin, The Doom and Glory of Knowing Who You Are, *Life*, May 24, 1963.
2. David Gelles et al., Elon Musk Details Excruciating Personal Toll of Tesla Turmoil, *New York Times*, August 16, 2018, nytimes.com/2018/08/16/business/elon-musk-interview-tesla.html.

动机的力量

1. Emmett Malloy, *Biggie: I Got a Story to Tell* (Los Gatos, CA: Netflix, 2021).
2. Yevgeny Yevtushenko, Career, Goodreads, goodreads.com/quotes/1265237-career-galileo-the-clergy-maintained-was-a-pernicious-and-stubborn.
3. *Drug Lords*, season 2, episode 1, El Chapo, July 10, 2018, Netflix.
4. Cults Telescope Couldnt Find UFO, *Chicago Tribune*, April 1, 1997, chicagotribune.com/news/ct-xpm-1997-04-02-9704020119-story.html.

5. Jill Lepore, *These Truths* (New York: W. W. Norton, 2018), 412–13.
6. Heather Lyu et al., Overtreatment in the United States, *PLoS One* 12, no. 9 (2017): e0181970, ncbi.nlm.nih.gov/pmc/articles/PMC5587107.
7. *The Daily Show*, season 14, episode 36, Jim Cramer, March 12, 2009, Comedy Central.

躬行出真知

1. John Edgar Hoover, memo to Mr. Tamm, November 22, 1934, vault.fbi.gov/smedley-butler/Smedley%20Butler%20Part%2001%20of%2002.
2. Gen. Butler Bares Fascist Plot to Seize Government by Force, *New York Times*, November 21, 1934, nytimes.com/1934/11/21/archives/gen-butler-bares-fascist-plot-to-seize-government-by-force-says.html.
3. *Comedians in Cars Getting Coffee*, season 6, episode 5, Thats the Whole Point of Apartheid, Jerry, July 1, 2015, Crackle.
4. Eric A. Johnson and Karl-Heinz Reuband, *What We Knew: Terror, Mass Murder, and Everyday Life in Nazi Germany* (New York: Basic Books, 2006), 156.
5. Varlam Shalamov, Forty-Five Things I Learned in the Gulag, *Paris Review*, June 12, 2018, theparisreview.org/blog/2018/06/12/forty-five-things-i-learned-in-the-gulag.
6. Stephen Ambrose, *Citizen Soldiers* (New York: Simon & Schuster, 1998).
7. Pew Research Center, Public Trust in Government: 1958–2022, June 6, 2022, pewresearch.org/politics/2022/06/06/public-trust-in-government-1958-2022.
8. *Tamborine*, directed by Bo Burnham (Los Gatos, CA: Netflix, 2018).

9. Andrew Chaikin, *A Man on the Moon* (New York: Viking, 1994).

舍繁求简

1. Barak Goodman, *Cancer: The Emperor of All Maladies* (Brooklyn, NY: Ark Media, 2015).
2. Goodman, *Cancer: The Emperor of All Maladies*.
3. Edsger W. Dijkstra, The Threats to Computing Science, lecture, ACM 1984 South Central Regional Conference, Austin, TX, November 16–18, 1984, cs.utexas.edu/users/EWD/transcriptions/EWD08xx/EWD898.html.
4. Samuel Wendell Williston, *Water Reptiles of the Past and Present* (Chicago: University of Chicago Press, 1914), archive.org/details/waterreptilesofp00will/page/172/mode/2up.
5. W. K. Gregory, Polyisomerism and Anisomerism in Cranial and Dental Evolution among Vertebrates, *Proceedings of the National Academy of Sciences of the United States of America* 20, no. 1 (January 1934): 1–9, semanticscholar.org/paper/Polyisomerism-and-Anisomerism-in-Cranial-and-Dental-Gregory/d683d13e9fbc5ea44b533cb73678c6c2f7941dea?p2dfJordan.
6. John T. Reed, *Succeeding* (self published: John T. Reed Publishing, 2008).
7. Stephen King, *On Writing: A Memoir of the Craft* (Scribner: New York, 2000).
8. Jordan Ellenberg, The Summers Most Unread Book Is…, *Wall Street Journal*, July 3, 2014, wsj.com/articles/the-summers-most-unread-book-is-1404417569.

9. Thomas McCrae, The Method of Zadig in the Practice of Medicine, Address in Medicine delivered at the annual meeting of the Canadian Medical Association, St. John, NB, July 7, 1914, ncbi.nlm.nih.gov/pmc/articles/PMC406677/pdf/canmedaj00242-0027.pdf.

伤口虽愈，疤痕永在

1. Geoffrey Roberts, *Stalins Wars: From World War to Cold War, 1939–1953* (New Haven, CT: Yale University Press, 2006), 4–5.
2. Tokuaki Shobayashi, History of Nutrition Policy in Japan, *Nutrition Reviews* 78, supp. 3 (December 2020): 10–13, academic.oup.com/nutritionreviews/article/78/Supplement_3/10/6012429.
3. Rand Corporation, Lasting Consequences of World War II Means More Illness, Lower Education and Fewer Chances to Marry for Survivors, press release, January 21, 2014, rand.org/news/press/2014/01/21/index1.html#:~:text=The%20study%20found%20that%20living,more%20likely%20to%20have%20depression.
4. Frederick Lewis Allen, *The Big Change: American Transforms Itself 1900–1950* (1952; rept., New York: Routledge, 2017), 148.
5. Ivan P. Pavlov, Conditioned Reflexes: An Investigation of the Physiological Activity of the Cerebral Cortex, Lecture XVIII, 1927, trans. G. V. Anrep, Classics in the History of Psychology, March 2001, psychclassics.yorku.ca/Pavlov/lecture18.htm.
6. Pavlov, Conditioned Reflexes: An Investigation of the Physiological Activity of the Cerebral Cortex, Lecture XXIII, trans. G. V. Anrep, Classics in the History of Psychology, July 2001, psychclassics.yorku.

ca/Pavlov/lecture23.htm#:~:text=Different%20conditions%20productive%20of%20extreme,in%20nervous%20and%20psychic%20activity.

7. Hamilton Fish Armstrong, Europe Revisited, *Foreign Affairs*, July 1947, foreignaffairs.com/articles/europe/1947-07-01/europe-revisited.
8. Tony Judt, *Postwar: A History of Europe Since 1945* (New York: Penguin Press, 2005).
9. Ta-Nehisi Coates, War and Welfare Went Hand in Hand, *Atlantic*, November 4, 2013, theatlantic.com/international/archive/2013/11/war-and-welfare-went-hand-in-hand/281107.

值得思考的问题

1. Doris Kearns Goodwin, *No Ordinary Time* (New York: Simon & Schuster, 2008).